斜流螺旋桨标模空泡数值计算

刘登成 王 超 常晟铭 郑巢生 主编

哈尔滨工业大学出版社

内 容 简 介

本书总结了斜流螺旋桨标模空泡数值计算研讨会(WORKSHOP Qingdao 2024)的相关试验和计算结果情况。本次研讨会指定了两个工况的斜流螺旋桨标模空泡计算案例,对应的试验结果提前发布,邀请国内船舶行业相关高校、科研院所及船舶企业参与计算,将计算结果按统一要求的格式提交主办方进行对比分析。本书共 4 章,分别为螺旋桨标模基准检验数据、数值计算结果、计算结果统计分析,以及斜流螺旋桨空泡数值方法。

本书可供计算流体力学专业的相关学者参考阅读。

图书在版编目(CIP)数据

斜流螺旋桨标模空泡数值计算/刘登成等主编.
--哈尔滨:哈尔滨工业大学出版社,2024.12--ISBN
978－7－5767－1765－5

Ⅰ.U664.33

中国国家版本馆 CIP 数据核字第 2024KM8610 号

策划编辑　薛　力
责任编辑　薛　力
封面设计　刘　乐
出版发行　哈尔滨工业大学出版社
社　　址　哈尔滨市南岗区复华四道街 10 号　邮编 150006
传　　真　0451－86414749
网　　址　http://hitpress.hit.edu.cn
印　　刷　哈尔滨博奇印刷有限公司
开　　本　787 mm×1 092 mm　1/16　印张 9　字数 147 千字
版　　次　2024 年 11 月第 1 版　2024 年 11 月第 1 次印刷
书　　号　ISBN 978－7－5767－1765－5
定　　价　89.00 元

(如因印装质量问题影响阅读,我社负责调换)

前　言

斜流螺旋桨标模空泡数值计算研讨会(WORKSHOP Qingdao 2024)于2024年10月19日至20日在青岛召开。在2022年12月召开的第二届全国水下推进技术学术研讨会上发布了均匀流与斜流下螺旋桨空泡标准模型基准检验试验数据,以便行业内的学者校验完善计算流体动力学(computational fluid dynamics,CFD)方法。本次研讨会指定了两个工况的斜流螺旋桨标模空泡计算案例,邀请国内船舶行业相关高校、科研院所及船舶企业参与计算,将计算结果提交主办方进行对比分析。自2024年1月17日发出邀请后,得到了行业内学者的积极响应,截至2024年6月30日,共收到了23家单位提交的23份计算结果。

本次斜流螺旋桨标模空泡数值计算研讨会是继均流螺旋桨标模空泡数值计算研讨会之后,国内第二次组织召开的关于船舶螺旋桨空泡数值计算的专题研讨会,与第四届全国水下推进技术学术研讨会暨水下推进技术工业和信息化部重点实验室学术年会共同组织召开。

本书是国内在斜流螺旋桨空泡数值计算方面的第一本专题书籍,包含了斜流螺旋桨空泡标模及其验证数据和斜流螺旋桨空泡数值计算现状,推荐了斜流螺旋桨空泡数值计算准则,相信本书能够帮助广大科研人员、高校研究生及相关领域科技工作者掌握斜流螺旋桨空泡数值计算现状、数值计算方法和验证方法。

本书共4章,第1章为斜流螺旋桨标模基准检验数据,第2章为数值计算结果,第3章为计算结果统计分析,第4章为斜流螺旋桨空泡数值方法。

由于编者学识与水平有限,书中难免存在不足之处,恳请读者批评指正。

编　者
2024年12月

目　录

第1章　螺旋桨标模基准检验数据 ··············· 1

1.1　螺旋桨标模 ····················· 1
1.2　试验设施及设备 ··················· 2
1.3　试验方法 ····················· 4
1.4　试验结果 ····················· 8

第2章　数值计算结果 ··················· 26

2.1　哈尔滨工程大学计算结果 ··············· 27
2.2　海军工程大学计算结果 ··············· 30
2.3　江苏科技大学计算结果 ··············· 33
2.4　南京理工大学计算结果 ··············· 36
2.5　山东科技大学计算结果 ··············· 39
2.6　上海海事大学计算结果 ··············· 42
2.7　武汉大学计算结果 ··················· 45
2.8　武汉理工大学计算结果 ··············· 48
2.9　西北工业大学计算结果 ··············· 51
2.10　浙江大学计算结果 ··················· 54
2.11　中山大学计算结果 ··················· 57
2.12　汉江实验室计算结果 ················· 60
2.13　深海技术科学太湖实验室计算结果 ··········· 63
2.14　上海船舶研究设计院计算结果 ············· 66
2.15　上海船舶运输科学研究所计算结果 ··········· 69
2.16　中国船舶集团第七〇一研究所计算结果 ········· 72

2.17　中国船舶集团第七〇二研究所计算结果 …………………… 75
2.18　中国船舶集团第七〇四研究所计算结果 …………………… 78
2.19　中国科学院力学研究所计算结果 …………………………… 81
2.20　广船国际股份有限公司计算结果 …………………………… 84
2.21　江南造船(集团)有限责任公司计算结果 …………………… 87
2.22　昊野科技有限公司计算结果 ………………………………… 90
2.23　上海倍豪船舶科技有限公司计算结果 ……………………… 93

第3章　计算结果统计分析 …………………………………………… 96

第4章　斜流螺旋桨空泡数值方法 …………………………………… 130
4.1　计算域 …………………………………………………………… 130
4.2　计算网格 ………………………………………………………… 130
4.3　数值方法 ………………………………………………………… 131
4.4　湍流模型 ………………………………………………………… 131
4.5　空泡模型 ………………………………………………………… 132
4.6　边界条件 ………………………………………………………… 132
4.7　收敛判断 ………………………………………………………… 133
4.8　计算结果 ………………………………………………………… 133

附录 ……………………………………………………………………… 134

第1章 螺旋桨标模基准检验数据

1.1 螺旋桨标模

螺旋桨空泡标准模型(简称螺旋桨标模)PC456是中国船舶集团第七〇二研究所(简称702所)于2012年专门为验证螺旋桨空泡面积CFD计算结果而设计的4叶变螺距、右旋螺旋桨,盘面比为0.56,侧斜角为20°,螺旋桨模型直径为250 mm,设计进速系数为0.42,采用铜合金"S"级加工,因螺旋桨空泡的英文为propeller cavitation,该标准模型的叶数为4,盘面比为0.56,所以命名为PC456。PC456螺旋桨主尺度和参数见表1.1,PC456螺旋桨模型照片如图1.1所示。

表1.1 PC456螺旋桨主尺度和参数

名称	符号	参数
螺旋桨直径	D/m	0.250
0.7R处螺距比	$(P/D)_{0.7R}$	0.699 8
盘面比	A_E/A_0	0.56
毂径比	d/D	0.147
叶数	Z	4
0.7R处弦长	$C_{0.7R}/\text{mm}$	77.288
0.7R处最大厚度	$T_{0.7R}/\text{mm}$	4.125
侧斜角	$\theta_s/(°)$	20
旋向	—	右旋

图1.1 PC456螺旋桨模型照片

对 PC456 螺旋桨模型进行检验,得到了每个桨叶上不同半径处螺距和厚度加工误差,表1.2 中列举了螺旋桨模型一号叶片 0.7R 处的检验结果。"S"级螺旋桨模型加工标准为:螺距误差不大于 0.1 mm,厚度误差不大于 0.1 mm。国际船模拖曳水池会议(International Towing Tank Conference,ITTC)指导规程中关于螺旋桨模型加工精度要求为:每个半径处平均螺距误差不大于螺旋桨模型直径的0.5%,厚度误差不大于 0.1 mm。从表1.2检验结果可知 PC456 螺旋桨模型既满足"S"级螺旋桨模型的精度要求,又符合 ITTC 推荐要求,可作为基准检验试验模型。

表 1.2　PC456 模型 0.7R 型值检验表

	测点角度/(°)	−25	−20	−10	0	10	20	30	35	40
	标准螺距/mm	−12.52	−10.58	−6.54	−2.51	1.78	6.43	11.42	14.10	17.01
	标准厚度/mm	3.32	5.74	8.68	10.19	10.45	9.56	7.54	5.97	3.73
1号叶片	实测螺距/mm	−12.49	−10.57	−6.53	35.03	1.77	6.40	11.39	14.06	16.99
	螺距误差/mm	0.04	0.02	0.01	0.00	−0.02	−0.03	−0.03	−0.04	−0.03
	厚度/mm	3.39	5.82	8.77	10.27	10.52	9.64	7.61	6.06	3.79
	厚度误差/mm	0.07	0.08	0.09	0.08	0.07	0.07	0.07	0.09	0.06

为了便于空泡观察,桨叶叶片以 1、2、3、4 标注,并在 2、3、4 号桨叶的 0.5R、0.6R、0.7R、0.8R、0.9R、0.95R 和 0.975R 半径处画上标记线;此外,为了定量测量桨叶空泡面积,在 2、4 号桨叶表面绘制已知位置的网格线。

1.2　试验设施及设备

斜流螺旋桨标模 PC456 空泡基准检验试验在中国船舶集团第七〇二研究所空泡水筒中进行。空泡水筒的主要技术参数如下:

长度:26.9 m;

高度:50.0 m。

其中工作段主要参数如下:

直径:0.8 m;

长度:3.2 m;

水速:1.0～20.0 m/s;

压力范围:8~400 kPa。

空泡水筒工作段如图1.2所示,试验中使用到的主要测试仪器及其参数见表1.3。试验时,水温19 ℃,水的密度为998.433 kg/m³,饱和蒸气压为2 450 Pa,空气含量在0.75~0.85之间。

图1.2　空泡水筒工作段

表1.3　主要测试仪器及其参数

仪器名称	型号	精度	量程
斜流动力仪	H51	0.2% 0.2% 0.1%	推力:3 000 N 扭矩:200 N·m 转速:3 000 r/min
压力测量变送器	3151DP	0.3%	0.2 MPa
水速测量变送器	1151DP	0.3%	0.3 MPa
频率计	FC4-490F	0.1%	10 MHz
直流放大器	DH3840H	0.5%	0~10 V
空气含量仪	Van-slyke	3%	0.1~1.0
实时信号分析仪	SP-01	±1.0 dB	0~80 kHz
脉动压力传感器	PGHC-A	0.5%	200 kPa

1.3 试验方法

针对 PC456 螺旋桨在空泡水筒中开展了斜流下水动力性能、空泡形态、空泡面积及空泡脉动压力模型试验。

空泡水筒中螺旋桨安装在斜流动力仪上,斜流动力仪倾斜角分别为 7°和 12°。斜流动力仪采用下游出轴的方法进行安装,测速孔位于桨盘面前方 500 mm 处。通过调整动力仪升降机构,使得整个螺旋桨位于第一个观察窗内,此时,桨盘面中心位置在水筒中心线下方 170 mm。测量斜流下螺旋桨空泡脉动压力时,在螺旋桨模型正下方水筒壁上布置平板,螺旋桨盘面轴中心距离平板 200 mm,来流方向为从左到右。安装示意图如图 1.3 所示。

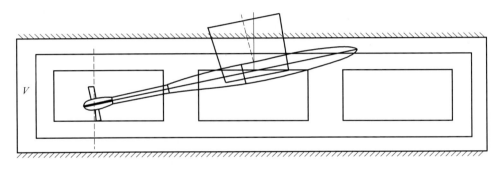

图 1.3 安装示意图

1.3.1 不同空泡数下斜流螺旋桨水动力试验

采用等水速法进行水动力测量,试验时通过改变压力调节空泡数,通过改变转速调节进速系数。假毂状态下,除气至空气含量在 0.75~0.85 之间,然后在不同压力下测量假毂阻力基线,压力范围包含螺旋桨模型试验所需空泡数对应的压力;在不同转速下测量假毂扭矩基线,转速范围包含螺旋桨模型的试验转速。螺旋桨状态下,除气至空气含量在 0.75~0.85 之间,固定压力(对应于某空泡数),改变螺旋桨转速,测量该空泡数下螺旋桨推力与扭矩,试验完成后再改变压力,调节至另一空泡数再测量不同进速系数下螺旋桨推力与扭矩,直至完成所有空泡数下螺旋桨水动力测量。将测量得到的螺旋桨推力和扭矩扣除相应的假毂推力和扭矩后,可得桨叶的推力和扭矩,最后处理为进速系数 J、推力系数 K_T 和扭矩系数 K_Q 等无量纲形式。试验工况见表 1.4。

表1.4 不同空泡数下斜流水动力测量工况

斜流角 $\theta/(°)$	来流水速 $V/(m \cdot s^{-1})$	水速空泡数 σ_V	压力 p/Pa
7	3.5	10.53	66 707
		8.49	54 285
		7.27	46 685
12		10.53	66 707
		8.49	54 285
		7.27	46 685

$$J = \frac{V}{nD} \qquad (1.1)$$

$$K_T = \frac{T}{\rho n^2 D^4} \qquad (1.2)$$

$$K_Q = \frac{Q}{\rho n^2 D^5} \qquad (1.3)$$

式中 V——来流水速,m/s;

n——螺旋桨转速,1/s;

D——螺旋桨直径,m;

T——螺旋桨桨叶推力,N;

Q——螺旋桨桨叶扭矩,N·m。

水速空泡数定义为

$$\sigma_V = \frac{p - p_V}{\frac{1}{2}\rho V^2} \qquad (1.4)$$

式中 p 为压力;p_V 为饱和蒸气压;ρ 为密度,kg/m³。

1.3.2 斜流螺旋桨空泡形态与面积定量测量

斜流螺旋桨空泡面积定量测量分成两步,第一步是采用相机记录螺旋桨的空泡形态,第二步是对记录的空泡图像进行图像处理,定量提取空泡面积。因此,试验过程中主要是进行螺旋桨空泡观测,试验中利用旋转编码器输入信号通过同步控制器同步频闪照明光源和数字相机对空泡形态进行拍摄。

螺旋桨模型安装后除气,直到空气含量在 0.75~0.85 之间,来流水速取

3.5 m/s,记录不同进速系数和不同空泡数下空泡轮廓,斜流螺旋桨空泡面积定量测量试验工况见表1.5。

表1.5 斜流螺旋桨空泡面积定量测量试验工况

斜流角 $\theta/(°)$	水速 $V/(m \cdot s^{-1})$	进速系数 J	水速空泡数 σ_V	压力 p/Pa
7	3.5	0.406	10.5	66 707
			8.5	54 285
			7.3	46 685
		0.444	10.5	66 707
			8.5	54 285
			7.3	46 685
12		0.406	10.5	66 707
			8.5	54 285
			7.3	46 685

为了精确地定量提取螺旋桨空泡面积,试验时,每个进速系数下,需记录无空泡状态下相同相位的螺旋桨形态。从螺旋桨附着空泡二维形态出发,进行空泡面积的定量测量。该测量方法基于空泡图像自动分析技术,对空泡轮廓进行定量分析,并以空泡在桨叶展开图上的面积作为空泡的定量面积。具体实现步骤:首先,对拍摄到的空泡图像进行空泡轮廓分析,得到对应图像中的空泡轮廓线;然后,利用标定和三维扭曲修正将图像中的空泡轮廓线转换到桨叶展开图坐标系中,可以换算得到桨叶展开图上的空泡形态特征,进而统计得到桨叶空泡在桨叶展开图上的定量面积。空泡面积采用200张试验照片处理的空泡面积均值表示。

1.3.3 斜流螺旋桨空泡脉动压力测量

测量斜流螺旋桨空泡脉动压力时,在螺旋桨模型正下方水筒壁上布置平板,桨盘面轴中心位置在水筒中心线下方170 mm,桨盘面轴中心距离平板200 mm。在平板上以对应桨轴中心线和辐射参考线的交点为中心,周围布置14个压力传感器,传感器测量表面与平板下表面齐平,相邻传感器之间的距离为30 mm。螺旋桨周向相位角的定义为:正上方"12点钟位置"为0°,以螺旋桨旋转方向为正向。图1.4为相位角及平板传感器布置图。图1.5为螺旋桨及平板传感器安装图。

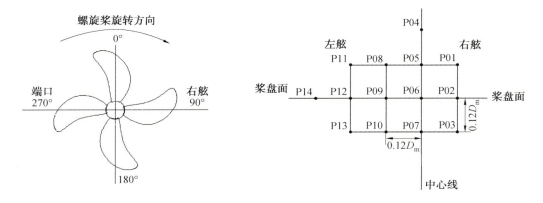

图1.4 相位角及平板传感器布置图

图1.5 螺旋桨及平板传感器安装图

针对PC456螺旋桨在12°斜流角下,分别开展水速空泡数$\sigma_V=10.5$、8.5、7.3等3个工况下螺旋桨空泡脉动压力测量试验。3个工况分别开展3次重复试验,试验前需除气,确保空泡水筒试验段中水的相对空气含量为0.75~0.85。斜流螺旋桨空泡脉动压力测量试验工况见表1.6。

进行多次重复试验,测量的空泡脉动压力信号由14个具有宽频响应特征的DH3840H放大器放大,经NI4472 A/D采样卡采集信号,通过快速傅里叶变换(FFT)分析,得到具有桨叶倍频的脉动压力幅值。

表1.6 斜流螺旋桨空泡脉动压力测量试验工况

斜流角 $\theta/(°)$	水速空泡数 σ_V	进速系数 J	来流水速 $V/(\mathrm{m \cdot s^{-1}})$
12	10.5	0.406	3.5
		0.424	
		0.444	
	8.5	0.406	3.5
		0.424	
		0.444	
	7.3	0.406	3.5
		0.424	
		0.444	

1.4 试 验 结 果

按照上述试验方法,针对PC456螺旋桨在空泡水筒中开展了斜流水动力性能、空泡形态与空泡面积,以及空泡脉动压力模型试验,获得了相应的试验结果。

1.4.1 斜流水动力性能试验结果

在中国船舶集团第七〇二研究所03B空泡水筒中开展了不同水速空泡数下的PC456螺旋桨斜流空泡水动力模型试验。每个斜流角 θ 下测量了3个水速空泡数 σ_V 的螺旋桨水动力性能(推力系数、扭矩系数及效率 η),以螺旋桨旋转轴为推力方向,斜流下PC456螺旋桨空泡水动力试验结果见表1.7~1.12。

表1.7 斜流下PC456螺旋桨空泡水动力试验结果($\theta=7°, \sigma_V=7.27$)

J	K_T	$10K_Q$	η
0.406	0.162 2	0.196 5	0.533 6
0.424	0.158 4	0.192 5	0.555 2
0.444	0.154 0	0.188 0	0.578 9

表 1.8　斜流下 PC456 螺旋桨空泡水动力试验结果（$\theta=7°$, $\sigma_V=8.49$）

J	K_T	$10K_Q$	η
0.406	0.169 1	0.202 8	0.538 6
0.424	0.163 7	0.197 5	0.559 4
0.444	0.157 7	0.191 5	0.582 1

表 1.9　斜流下 PC456 螺旋桨空泡水动力试验结果（$\theta=7°$, $\sigma_V=10.53$）

J	K_T	$10K_Q$	η
0.406	0.176 4	0.209 7	0.543 6
0.424	0.169 6	0.203 1	0.563 4
0.444	0.162	0.195 8	0.584 6

表 1.10　斜流下 PC456 螺旋桨空泡水动力试验结果（$\theta=12°$, $\sigma_V=7.27$）

J	K_T	$10K_Q$	η
0.406	0.168 1	0.201 5	0.538 9
0.424	0.164 5	0.197 8	0.561 3
0.444	0.160 6	0.193 7	0.585 9

表 1.11　斜流下 PC456 螺旋桨空泡水动力试验结果（$\theta=12°$, $\sigma_V=8.49$）

J	K_T	$10K_Q$	η
0.406	0.175 7	0.209 1	0.542 9
0.424	0.170 6	0.203 8	0.564 8
0.444	0.165 0	0.198 0	0.588 7

表 1.12　斜流下 PC456 螺旋桨空泡水动力试验结果（$\theta=12°$, $\sigma_V=10.53$）

J	K_T	$10K_Q$	η
0.406	0.183 6	0.216 2	0.548 8
0.424	0.177 0	0.209 6	0.569 8
0.444	0.169 7	0.202 3	0.592 6

1.4.2　斜流螺旋桨空泡形态及面积试验结果

在中国船舶集团第七〇二研究所 03B 空泡水筒中对 PC456 螺旋桨斜流

下空泡形态进行了观测。试验结果如图 1.6 ~ 1.14 所示。

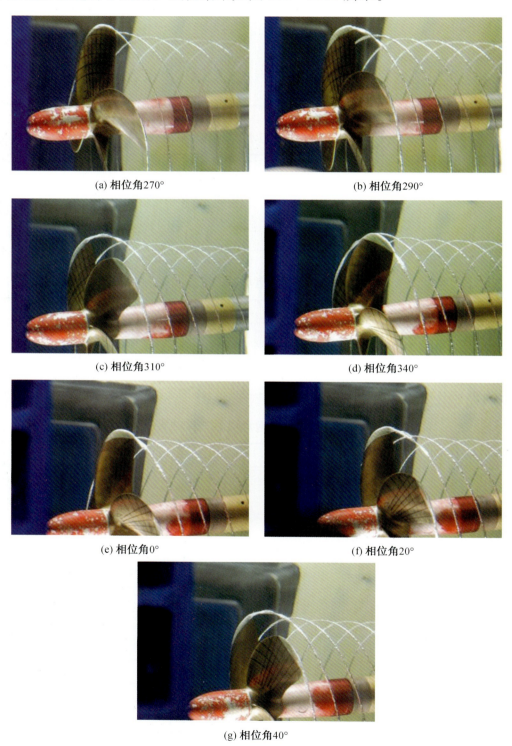

图 1.6 螺旋桨空泡形态照片($\theta = 7°$, $J = 0.444$, $\sigma_V = 7.27$)

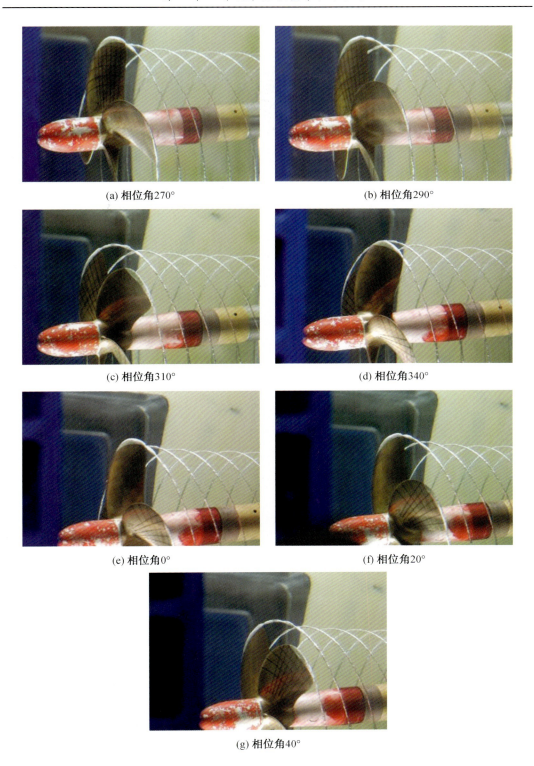

图 1.7 螺旋桨空泡形态照片（$\theta=7°, J=0.444, \sigma_V=8.49$）

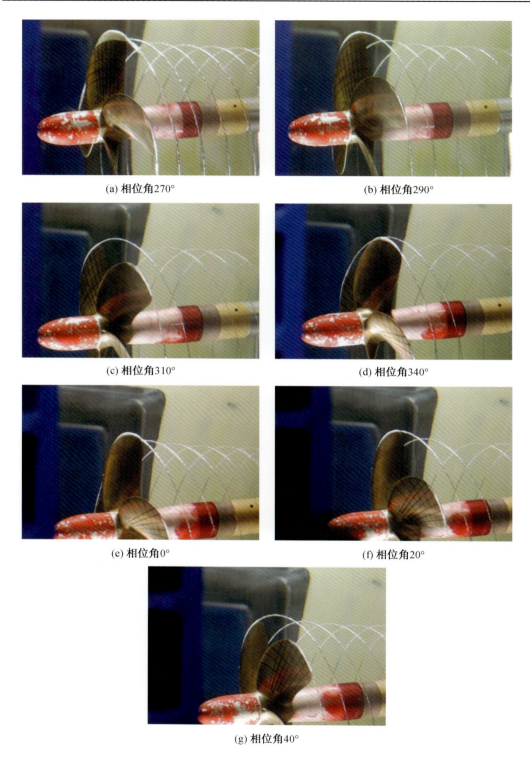

图 1.8 螺旋桨空泡形态照片 ($\theta=7°, J=0.444, \sigma_V=10.53$)

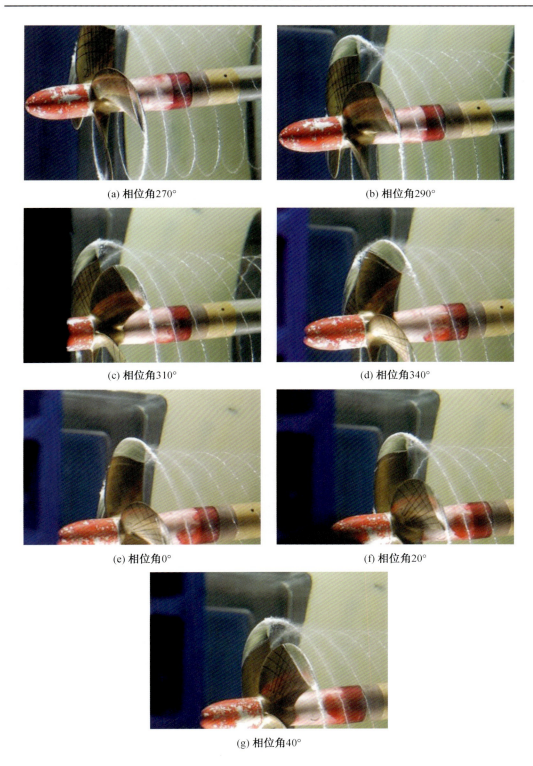

(a) 相位角270°　　　(b) 相位角290°
(c) 相位角310°　　　(d) 相位角340°
(e) 相位角0°　　　(f) 相位角20°
(g) 相位角40°

图1.9　螺旋桨空泡形态照片（$\theta=7°, J=0.406, \sigma_V=7.27$）

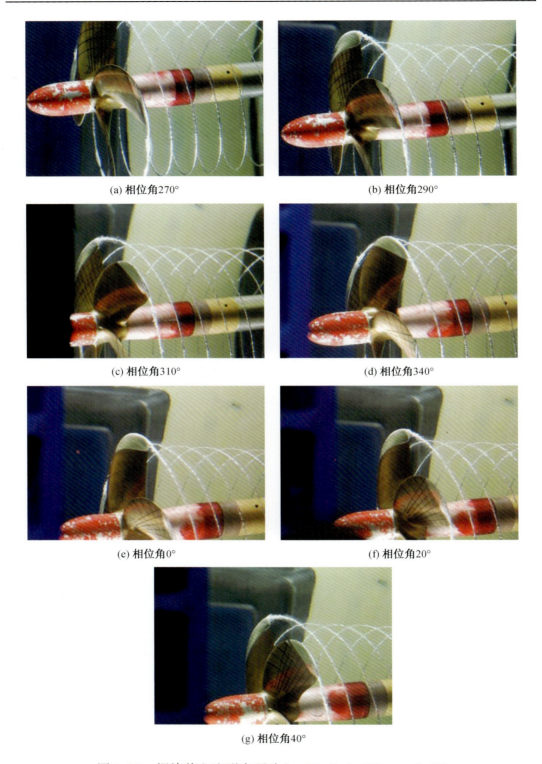

图 1.10 螺旋桨空泡形态照片（$\theta=7°, J=0.406, \sigma_V=8.49$）

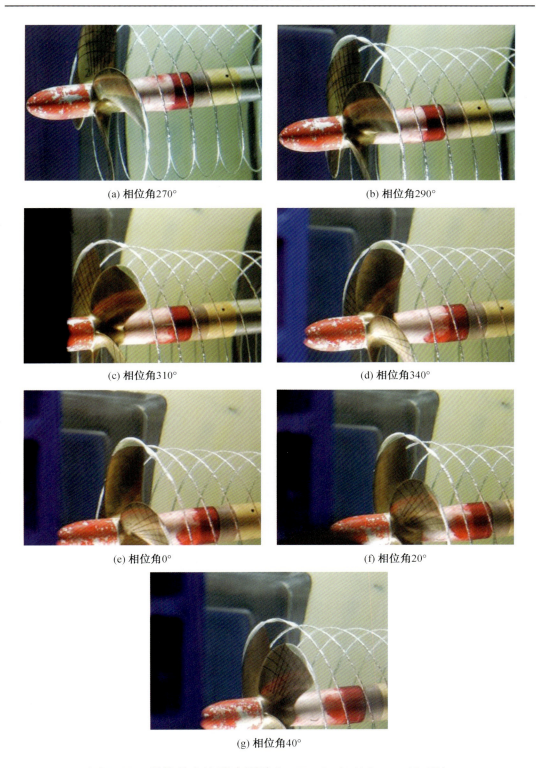

图 1.11 螺旋桨空泡形态照片（$\theta=7°, J=0.406, \sigma_V=10.53$）

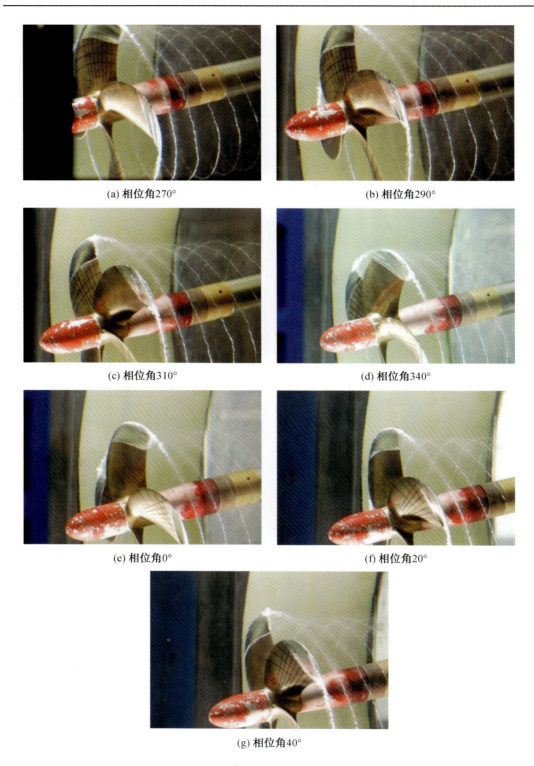

图 1.12　螺旋桨空泡形态照片（$\theta=12°$，$J=0.406$，$\sigma_V=7.27$）

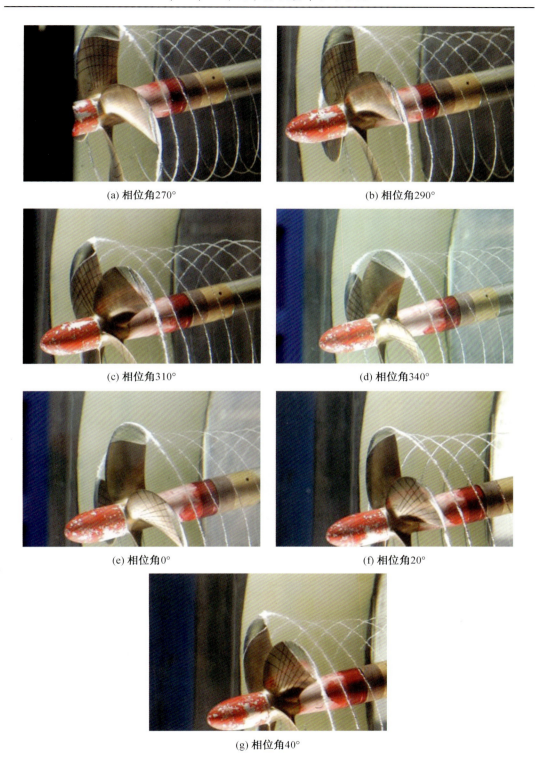

图 1.13 螺旋桨空泡形态照片($\theta=12°, J=0.406, \sigma_V=8.49$)

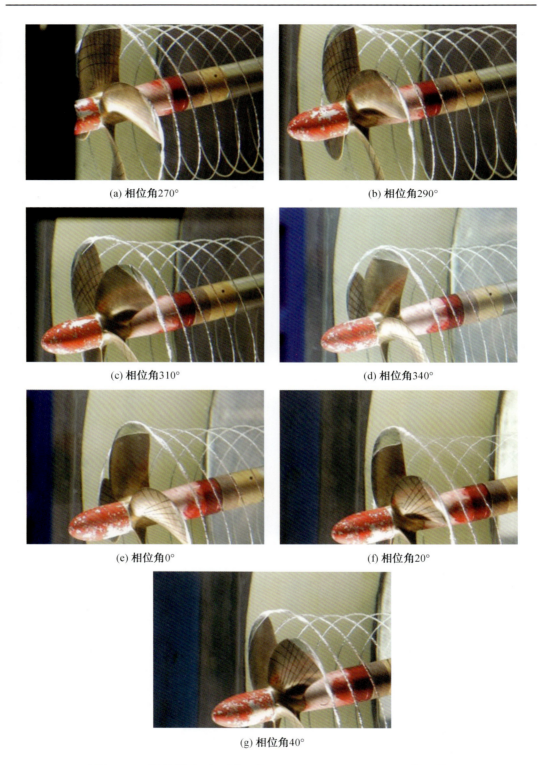

图1.14 螺旋桨空泡形态照片($\theta=12°$, $J=0.406$, $\sigma_V=10.53$)

不同水速空泡数、不同进速系数下测量螺旋桨桨叶表面空泡面积见表1.13。表中空泡面积比定义为单桨叶表面空泡的面积与单桨叶展开面积的比值,其中单桨叶展开面积为 7 036 mm²。

表 1.13 不同水速空泡数、不同进速系数下测量螺旋桨桨叶表面空泡面积

相位角 /(°)	水速空泡数 σ_V	主桨叶空泡面积/mm²			主桨叶空泡面积比		
		斜流角 7°		斜流角 12°	斜流角 7°		斜流角 12°
		$J=0.444$	$J=0.406$	$J=0.406$	$J=0.444$	$J=0.406$	$J=0.406$
0	7.27	583	1 576	1 795	8.3%	22.4%	25.5%
	8.49	401	1 209	1 459	5.7%	17.2%	20.7%
	10.53	279	722	905	4.0%	10.3%	12.9%
20	7.27	575	1 304	1 680	8.2%	18.5%	23.9%
	8.49	323	1 029	1 429	4.6%	14.6%	20.3%
	10.53	195	545	895	2.8%	7.7%	12.7%
40	7.27	452	1 472	1 721	6.4%	20.9%	24.5%
	8.49	310	1 058	1 287	4.4%	15.0%	18.3%
	10.53	184	511	702	2.6%	7.3%	10.0%
270	7.27	538	1 525	1 623	7.6%	21.7%	23.1%
	8.49	365	1 071	1 364	5.2%	15.2%	19.4%
	10.53	287	720	841	4.1%	10.2%	12.0%
290	7.27	562	1 495	1 710	8.0%	21.2%	24.3%
	8.49	448	1 126	1 412	6.4%	16.0%	20.1%
	10.53	339	713	847	4.8%	10.1%	12.0%
310	7.27	619	1 614	1 673	8.8%	22.9%	23.8%
	8.49	489	1 206	1 360	6.9%	17.1%	19.3%
	10.53	315	681	853	4.5%	9.7%	12.1%
340	7.27	644	1 732	1 890	9.2%	24.6%	26.9%
	8.49	386	1 085	1 681	5.5%	15.4%	23.9%
	10.53	277	656	1 073	3.9%	9.3%	15.3%

1.4.3 斜流螺旋桨空泡脉动压力试验结果

斜流角 12°,水速空泡数 σ_V 分别为 10.53、8.49 和 7.27 时,3 个进速系数下 PC456 螺旋桨空泡脉动压力试验结果见表 1.14~1.22。

3个进速系数,3个水速空泡数,共9个工况,14个监测点中,每个工况下均为P8测点脉动压力最大。进速系数 J 为0.406时,当水速空泡数为7.27时,最大脉动压力约为653 Pa;当水速空泡数为8.49时,最大脉动压力约为648 Pa;当水速空泡数为10.53时,最大脉动压力约为625 Pa。进速系数 J 为0.424时,当水速空泡数为7.27时,最大脉动压力约为605 Pa;当水速空泡数为8.49时,最大脉动压力约为588 Pa;当水速空泡数为10.53时,最大脉动压力约为563 Pa。进速系数 J 为0.444时,当水速空泡数为7.27时,最大脉动压力约为556 Pa;当水速空泡数为8.49时,最大脉动压力约为548 Pa;当水速空泡数为10.53时,最大脉动压力约为533 Pa。

表1.14 斜流角12°下 $\sigma_V=7.27$, $J=0.406$ 螺旋桨空泡脉动压力试验结果

测点	幅值/Pa				
	1阶	2阶	3阶	4阶	5阶
P1	610.8	36.1	27.3	32.8	14.0
P2	589.3	25.8	24.8	32.2	11.9
P3	383.2	34.0	25.8	27.0	8.4
P4	454.7	60.6	25.8	36.0	18.4
P5	661.4	67.1	14.0	40.2	19.2
P6	645.2	83.3	11.8	39.4	19.1
P7	405.9	72.3	15.3	34.5	17.4
P8	653.8	111.3	10.0	45.2	26.7
P9	636.6	127.1	9.2	46.5	27.9
P10	425.9	106.0	12.7	42.8	27.5
P11	586.7	98.2	20.0	48.3	31.8
P12	577.6	106.7	20.8	51.3	35.9
P13	407.9	86.9	25.8	48.4	34.1
P14	485.3	61.0	34.5	56.4	36.5

表 1.15　斜流角 12°下 $\sigma_V=8.49, J=0.406$ 螺旋桨空泡脉动压力试验结果

测点	幅值/Pa				
	1 阶	2 阶	3 阶	4 阶	5 阶
P1	583.4	120.2	37.6	26.0	14.6
P2	562.4	112.6	28.6	24.3	14.2
P3	349.3	112.6	25.8	21.2	13.3
P4	439.5	115.4	44.7	32.0	23.0
P5	641.3	107.2	25.6	36.1	26.5
P6	625.3	108.9	13.2	37.7	28.4
P7	384.9	113.0	12.2	37.1	28.3
P8	648.0	156.5	18.1	46.3	40.1
P9	634.0	171.4	8.9	50.5	46.1
P10	421.1	153.3	11.7	52.9	48.0
P11	596.8	155.6	24.3	57.2	50.3
P12	586.3	165.9	18.2	65.6	59.3
P13	419.6	140.6	24.0	68.4	59.9
P14	503.5	108.8	45.4	74.5	60.5

表 1.16　斜流角 12°下 $\sigma_V=10.53, J=0.406$ 螺旋桨空泡脉动压力试验结果

测点	幅值/Pa				
	1 阶	2 阶	3 阶	4 阶	5 阶
P1	481.8	208.5	12.4	15.4	19.0
P2	452.6	223.9	10.2	14.5	23.5
P3	235.0	205.5	8.7	12.7	25.2
P4	365.2	150.7	16.9	12.1	11.3
P5	560.3	155.9	18.6	14.4	16.3
P6	534.2	149.7	20.3	13.3	20.7
P7	290.6	148.6	16.5	12.0	24.8
P8	625.5	121.0	18.0	12.8	13.4
P9	607.3	117.9	15.8	14.3	17.9
P10	408.5	120.7	13.9	14.9	22.2
P11	630.2	144.1	15.5	13.9	11.3
P12	622.3	154.3	15.7	17.0	15.7
P13	466.5	135.4	15.0	19.8	18.8
P14	572.5	133.2	15.4	19.4	14.2

表 1.17　斜流角 12°下 $\sigma_V=7.27, J=0.424$ 螺旋桨空泡脉动压力试验结果

测点	幅值/Pa				
	1 阶	2 阶	3 阶	4 阶	5 阶
P1	559.6	18.3	5.2	14.0	6.5
P2	545.6	31.9	6.3	11.6	7.5
P3	357.9	19.0	7.1	8.9	8.8
P4	413.6	32.5	4.7	15.4	8.5
P5	599.3	53.6	5.5	15.9	10.5
P6	591.4	69.1	5.3	13.3	14.0
P7	378.6	51.9	6.6	10.3	15.4
P8	603.7	69.3	6.2	16.3	16.9
P9	590.7	83.2	8.8	14.6	20.4
P10	402.1	64.5	8.6	12.1	23.4
P11	559.1	50.2	6.3	17.8	22.8
P12	546.2	60.6	9.1	17.6	26.6
P13	390.1	50.8	9.4	15.5	29.1
P14	470.7	30.0	7.2	19.6	29.4

表 1.18　斜流角 12°下 $\sigma_V=8.49, J=0.424$ 螺旋桨空泡脉动压力试验结果

测点	幅值/Pa				
	1 阶	2 阶	3 阶	4 阶	5 阶
P1	543.0	12.3	10.3	18.7	9.2
P2	525.8	23.7	13.1	17.9	7.2
P3	340.2	13.8	16.0	17.0	7.6
P4	396.5	38.3	12.9	19.7	14.5
P5	584.5	56.8	7.4	22.3	14.8
P6	572.2	73.0	9.3	22.0	16.1
P7	360.8	53.0	13.5	20.3	15.4
P8	588.2	77.2	10.7	25.6	21.7
P9	576.7	90.8	11.6	26.6	24.8
P10	391.0	70.5	15.4	25.1	26.9
P11	552.7	56.2	13.7	29.9	29.5
P12	541.1	67.1	16.5	33.0	33.3
P13	388.2	54.7	18.4	32.5	35.7
P14	471.9	32.7	17.3	39.5	39.0

表 1.19　斜流角 12°下 $\sigma_V=10.53, J=0.424$ 螺旋桨空泡脉动压力试验结果

测点	幅值/Pa				
	1 阶	2 阶	3 阶	4 阶	5 阶
P1	482.5	69.6	42.4	9.0	27.3
P2	460.8	60.6	30.9	9.1	24.4
P3	269.6	62.2	24.3	9.7	23.0
P4	351.5	72.4	59.0	9.7	35.4
P5	529.9	64.1	43.0	10.2	38.3
P6	510.8	64.6	32.2	13.4	39.5
P7	300.2	59.7	26.3	15.6	38.3
P8	563.1	108.5	41.6	16.2	52.2
P9	551.7	118.2	32.1	20.4	58.1
P10	370.2	98.9	30.6	25.2	59.8
P11	563.4	107.1	51.6	24.8	64.8
P12	555.3	114.9	51.0	31.2	76.0
P13	411.3	96.1	50.8	35.8	77.4
P14	513.7	73.8	73.0	38.6	83.0

表 1.20　斜流角 12°下 $\sigma_V=7.27, J=0.444$ 螺旋桨空泡脉动压力试验结果

测点	幅值/Pa				
	1 阶	2 阶	3 阶	4 阶	5 阶
P1	488.7	28.0	6.4	5.5	8.2
P2	478.9	40.7	8.1	5.3	5.6
P3	316.8	28.6	6.4	4.5	3.5
P4	373.6	27.2	6.5	6.0	9.9
P5	540.9	50.9	5.7	5.9	9.4
P6	535.6	66.7	7.4	4.8	7.6
P7	351.8	48.3	6.4	3.5	5.3
P8	556.0	53.6	6.4	6.1	11.5
P9	546.4	64.9	7.3	5.7	10.2
P10	380.9	52.1	7.5	4.0	8.4
P11	517.6	34.6	6.6	6.2	12.0
P12	508.3	45.8	8.1	4.8	12.0
P13	369.4	38.0	7.5	3.9	11.5
P14	428.5	20.8	7.8	4.8	12.9

表 1.21　斜流角 12° 下 $\sigma_V=8.49$, $J=0.444$ 螺旋桨空泡脉动压力试验结果

测点	幅值/Pa				
	1 阶	2 阶	3 阶	4 阶	5 阶
P1	483.4	25.4	4.6	6.2	5.4
P2	471.2	37.1	6.4	5.9	4.7
P3	306.8	24.1	6.7	4.9	3.7
P4	364.0	23.7	7.2	6.1	6.3
P5	532.2	48.2	5.1	5.9	5.6
P6	527.3	62.7	5.1	5.5	5.3
P7	340.6	44.2	5.1	4.6	5.9
P8	547.9	53.8	6.9	5.2	7.7
P9	540.5	67.5	9.1	5.6	7.8
P10	371.5	53.0	8.1	4.1	7.8
P11	514.3	38.0	6.8	5.3	9.0
P12	505.8	49.4	8.4	5.6	8.9
P13	365.3	41.3	8.9	5.9	9.8
P14	432.5	24.9	8.1	6.0	9.9

表 1.22　斜流角 12° 下 $\sigma_V=10.53$, $J=0.444$ 螺旋桨空泡脉动压力试验结果

测点	幅值/Pa				
	1 阶	2 阶	3 阶	4 阶	5 阶
P1	447.2	11.2	10.9	16.3	14.0
P2	433.0	22.6	8.6	16.3	13.4
P3	264.1	11.8	10.3	15.3	14.1
P4	336.9	32.9	13.5	16.7	13.5
P5	500.6	49.2	9.1	17.7	14.3
P6	493.2	63.4	6.6	17.4	15.5
P7	306.2	46.5	6.6	15.9	17.0
P8	532.8	65.3	12.1	19.4	15.8
P9	524.8	77.8	11.1	19.4	19.2
P10	362.9	63.3	9.0	18.5	21.9
P11	520.3	49.7	12.5	23.1	20.1
P12	514.2	58.9	11.4	24.1	24.6
P13	380.1	49.9	11.8	23.6	28.1
P14	453.0	28.8	12.3	28.0	28.8

本次 WORKSHOP 指定了两个计算工况，计算工况及试验结果见表 1.23。

表 1.23 计算工况及试验结果

工况	$\theta/(°)$	J	σ_V	K_T	$10K_Q$
工况 1	12	0.406	7.27	0.168 1	0.201 5
工况 2	7	0.406	7.27	0.162 2	0.196 5

第 2 章　数值计算结果

自 2024 年 1 月 17 日发出倡议,邀请国内高校、研究院所及船舶企业参与斜流螺旋桨标模空泡计算,得到了积极响应,截至 2024 年 6 月 30 日,共收到了 23 家单位提交的 23 份计算结果。参与单位中有 11 家高校,分别为哈尔滨工程大学(哈工程)、海军工程大学(海工)、江苏科技大学(江科大)、南京理工大学(南理工)、山东科技大学(山东科大)、上海海事大学(上海海事)、武汉大学(武大)、武汉理工大学(武汉理工)、西北工业大学(西工大)、浙江大学(浙大)、中山大学(中大);有 8 家科研院所,分别为汉江实验室(汉江)、深海技术科学太湖实验室(太湖)、上海船舶研究设计院(上船院)、上海船舶运输科学研究所(船研所)、中国船舶集团第七〇一研究所(701 所)、中国船舶集团第七〇二研究所(702 所)、中国船舶集团第七〇四研究所(704 所)、中国科学院力学研究所(力学所);有 2 家企业,分别为广船国际股份有限公司(广船国际)、江南造船(集团)有限责任公司(江南厂);有 2 家企业,分别为昊野科技有限公司(昊野)、上海倍豪船舶科技有限公司(倍豪)。

下面将逐一列出各家单位提交的计算结果,均以汽相体积分数 0.1 等值面表征空泡形态。

2.1 哈尔滨工程大学计算结果

哈尔滨工程大学计算结果见表2.1。

表2.1 哈尔滨工程大学计算结果

单位名称	哈尔滨工程大学		
求解器	☐ 商软 CFD	☑ 开源 CFD	☐ 自研 CFD
计算域	☑ 滑移网格	☐ 重叠网格	☐ 多参考系
	上游距离:5D	下游距离:12D	侧面距离:1.6D
计算网格	☐ 结构网格		☑ 非结构网格
	☑ 有局部加密		☐ 无局部加密
	体网格类型: ☐ 四面体 ☐ 六面体 ☐ 多面体 ☑ 混合		
	面网格类型: ☐ 三角形 ☐ 四边形 ☐ 多边形 ☑ 混合		
	边界层网格类型: ☐ 棱柱形 ☐ 六面体 ☑ 多面体 ☐ 无		
	边界层网格层数:5	边界层网格增长比例:1.2	
	网格总数:606万		
	$0.7R$ 处 y^+:80	桨叶表面平均 y^+:50	单桨叶面网格:2.56万
数值方法	☐ 可压缩		☑ 不可压缩
	☑ 有限体积法	☐ 有限元法	☐ 其他
	动量方程离散:☐ 一阶迎风 ☑ 二阶迎风 ☐ 二阶中心 ☐ 高阶中心		
	压力-速度求解:☐ SIMPLE 算法 ☐ PISO 算法 ☑ 其他(PIMPLE)		
	☐ 准定常		☑ 非定常
	时间项离散	☐ 显示 ☑ 隐式	
		☐ 一阶 ☑ 二阶	
	时间步长 $\Delta\theta/(°)$:0.2	时间步长 $\Delta t/s$:1.61×10^{-5}	
湍流模型	湍流模型:SST κ-ω 模型		
	湍流对流项离散:☐ 一阶迎风 ☑ 二阶迎风 ☐ 二阶中心 ☐ 高阶中心		
	☐ 考虑转捩	☑ 不考虑转捩	
空泡模型	空泡模型:Schnerr-Sauer 模型		
边界条件	斜流模拟方法: ☑ 倾斜桨轴 ☐ 偏置来流		
	桨叶:无滑移	桨毂:无滑移	入口:3.5 m/s	出口:压力出口

续表 2.1

<table>
<tr><td colspan="4">工况 1（$\theta=12°$、$J=0.406$、$\sigma_V=7.27$）</td></tr>
<tr><td colspan="2">K_T:0.169 3</td><td>$10K_Q$:0.203 7</td><td>η:53.7%</td></tr>
</table>

<table>
<tr><td rowspan="4">计算结果</td><td>$\theta/(°)$</td><td>主桨叶空泡形态</td><td>桨叶空泡形态</td><td>空泡面积比</td></tr>
<tr><td>0</td><td></td><td></td><td>27.1%</td></tr>
<tr><td>20</td><td></td><td></td><td>24.4%</td></tr>
<tr><td>310</td><td></td><td></td><td>31.8%</td></tr>
</table>

空泡脉动压力叶频幅值

测点	1 阶/Pa	2 阶/Pa	3 阶/Pa	测点	1 阶/Pa	2 阶/Pa	3 阶/Pa
P01	637.6	56.1	7.5	P08	672.5	47.1	6.9
P02	533.1	54.2	7.5	P09	564.0	50.0	7.3
P03	340.1	39.7	7.3	P10	372.0	37.9	5.7
P04	623.6	48.3	6.9	P11	546.3	20.0	6.3
P05	708.6	68.3	7.1	P12	470.3	23.9	6.0
P06	586.9	68.3	7.3	P13	321.8	22.6	5.3
P07	386.8	49.4	7.2	P14	338.2	18.7	5.1

续表 2.1

工况 2($\theta=7°$、$J=0.406$、$\sigma_V=7.27$)		
K_T:0.167 6	$10K_Q$:0.202 3	η:53.5%

	$\theta/(°)$	主桨叶空泡形态	桨叶空泡形态	空泡面积比
计算结果	0			23.3%
	20			21.2%
	310			24.4%

2.2 海军工程大学计算结果

海军工程大学计算结果见表2.2。

表2.2 海军工程大学计算结果

单位名称	海军工程大学		
求解器	☑ 商软CFD	☐ 开源CFD	☐ 自研CFD
计算域	☑ 滑移网格	☐ 重叠网格	☐ 多参考系
	上游距离:3D	下游距离:7D	侧面距离:2.5D
计算网格	☑ 结构网格		☐ 非结构网格
	☑ 有局部加密		☐ 无局部加密
	体网格类型: ☐ 四面体 ☑ 六面体 ☐ 多面体 ☐ 混合		
	面网格类型: ☐ 三角形 ☑ 四边形 ☐ 多边形 ☐ 混合		
	边界层网格类型: ☐ 棱柱形 ☑ 六面体 ☐ 多面体 ☐ 无		
	边界层网格层数:24		边界层网格增长比例:1.15
	网格总数:488万		
	$0.7R$处y^+:2.2	桨叶表面平均y^+:2.8	单桨叶面网格:0.7万
数值方法	☐ 可压缩		☑ 不可压缩
	☑ 有限体积法	☐ 有限元法	☐ 其他
	动量方程离散: ☐ 一阶迎风 ☑ 二阶迎风 ☐ 二阶中心 ☐ 高阶中心		
	压力-速度求解: ☑ SIMPLE算法 ☐ PISO算法 ☐ 其他		
	☐ 准定常		☑ 非定常
	时间项离散	☐ 显示 ☑ 隐式	
		☐ 一阶 ☑ 二阶	
	时间步长$\Delta\theta/(°)$:4		时间步长$\Delta t/$s:3.2×10^{-4}
湍流模型	湍流模型:SST κ-ω模型		
	湍流对流项离散: ☐ 一阶迎风 ☐ 二阶迎风 ☑ 二阶中心 ☐ 高阶中心		
	☑ 考虑转捩		☐ 不考虑转捩
空泡模型	空泡模型:Rayleigh Plesset模型		
边界条件	斜流模拟方法: ☐ 倾斜桨轴 ☑ 偏置来流		
	桨叶:无滑移	桨毂:无滑移	入口:3.5 m/s	出口:压力出口

续表 2.2

工况 1（$\theta=12°$、$J=0.406$、$\sigma_V=7.27$）			
K_T:0.164 9		$10K_Q$:0.203 4	η:52.38%
	$\theta/(°)$	主桨叶空泡形态　　桨叶空泡形态	空泡面积比
计算结果	0		23.1%
	20		22.9%
	310		21.0%

空泡脉动压力叶频幅值

测点	1 阶/Pa	2 阶/Pa	3 阶/Pa	测点	1 阶/Pa	2 阶/Pa	3 阶/Pa
P01	198.98	30.6	1.4	P08	203.0	30.7	2.9
P02	295.6	24.2	2.5	P09	299.0	21.8	1.8
P03	303.0	24.6	6.4	P10	257.0	17.1	2.8
P04	103.6	48.4	3.7	P11	184.0	23.1	4.3
P05	212.6	38.4	1.4	P12	260.0	15.9	2.8
P06	313.4	25.7	1.4	P13	260.0	15.9	2.8
P07	323.0	27.0	4.8	P14	194.9	9.7	2.2

续表 2.2

工况 2（$\theta=7°$、$J=0.406$、$\sigma_V=7.27$）			
K_T:0.163 1		$10K_Q$:0.201 5	η:52.31%
	$\theta/(°)$	主桨叶空泡形态	桨叶空泡形态	空泡面积比

	$\theta/(°)$	主桨叶空泡形态	桨叶空泡形态	空泡面积比
计算结果	0			20.9%
	20			20.7%
	310			19.5%

2.3 江苏科技大学计算结果

江苏科技大学计算结果见表2.3。

表2.3 江苏科技大学计算结果

单位名称	江苏科技大学		
求解器	☑ 商软 CFD	☐ 开源 CFD	☐ 自研 CFD
计算域	☑ 滑移网格	☐ 重叠网格	☐ 多参考系
	上游距离:3D	下游距离:7D	侧面距离:3D
计算网格	☐ 结构网格		☑ 非结构网格
	☑ 有局部加密		☐ 无局部加密
	体网格类型: ☐ 四面体 ☑ 六面体 ☐ 多面体 ☐ 混合		
	面网格类型: ☐ 三角形 ☑ 四边形 ☐ 多边形 ☐ 混合		
	边界层网格类型: ☐ 棱柱形 ☑ 六面体 ☐ 多面体 ☐ 无		
	边界层网格层数:19	边界层网格增长比例:1.2	
	网格总数:730 万		
	$0.7R$ 处 y^+:50.8	桨叶表面平均 y^+:50.5	单桨叶面网格:52 万
数值方法	☐ 可压缩		☑ 不可压缩
	☑ 有限体积法	☐ 有限元法	☐ 其他
	动量方程离散:☐ 一阶迎风 ☑ 二阶迎风 ☐ 二阶中心 ☐ 高阶中心		
	压力-速度求解:☑ SIMPLE 算法 ☐ PISO 算法 ☐ 其他		
	☐ 准定常		☑ 非定常
	时间项离散	☐ 显示 ☑ 隐式	
		☐ 一阶 ☑ 二阶	
	时间步长 $\Delta\theta/(°)$:1.24	时间步长 $\Delta t/s$:1×10^{-4}	
湍流模型	湍流模型:SST κ-ω 模型		
	湍流对流项离散:☐ 一阶迎风 ☑ 二阶迎风 ☐ 二阶中心 ☐ 高阶中心		
	☐ 考虑转捩		☑ 不考虑转捩
空泡模型	空泡模型:Kunz 模型		
边界条件	斜流模拟方法: ☐ 倾斜桨轴 ☑ 偏置来流		
	桨叶:无滑移	桨毂:无滑移	入口:3.5 m/s	出口:压力出口

续表 2.3

<table>
<tr><td colspan="4" align="center">工况 1（$\theta=12°$、$J=0.406$、$\sigma_V=7.27$）</td></tr>
<tr><td colspan="2" align="center">K_T:0.163 8</td><td align="center">$10K_Q$:0.204 8</td><td align="center">η:51.7%</td></tr>
</table>

	$\theta/(°)$	主桨叶空泡形态	桨叶空泡形态	空泡面积比
计算结果	0			24.93%
	20			18.42%
	310			25.4%

空泡脉动压力叶频幅值

测点	1 阶/Pa	2 阶/Pa	3 阶/Pa	测点	1 阶/Pa	2 阶/Pa	3 阶/Pa
P01	526.56	31.35	18.72	P08	559.68	108.47	10.89
P02	555.76	30.29	15.14	P09	557.75	111.94	18.05
P03	385.00	43.11	20.75	P10	455.98	85.12	14.06
P04	413.03	48.21	18.21	P11	441.72	88.98	14.19
P05	481.86	41.29	13.73	P12	437.26	90.10	16.21
P06	574.32	60.18	12.92	P13	408.17	81.52	17.44
P07	402.40	65.02	15.62	P14	435.99	45.81	25.96

续表 2.3

工况 2（$\theta=7°$、$J=0.406$、$\sigma_V=7.27$）		
K_T：0.164 1	$10K_Q$：0.205 8	η：51.5%

	$\theta/(°)$	主桨叶空泡形态	桨叶空泡形态	空泡面积比
计算结果	0			24.36%
	20			18.57%
	310			28.79%

2.4　南京理工大学计算结果

南京理工大学计算结果见表2.4。

表2.4　南京理工大学计算结果

单位名称	南京理工大学		
求解器	☑ 商软 CFD	☐ 开源 CFD	☐ 自研 CFD
计算域	☑ 滑移网格	☐ 重叠网格	☐ 多参考系
	上游距离:3D	下游距离:6D	侧面距离:3D
计算网格	☐ 结构网格		☑ 非结构网格
	☑ 有局部加密		☐ 无局部加密
	体网格类型：　☐ 四面体　☑ 六面体　☐ 多面体　☐ 混合		
	面网格类型：　☐ 三角形　☑ 四边形　☐ 多边形　☐ 混合		
	边界层网格类型：　☐ 棱柱形　☑ 六面体　☐ 多面体　☐ 无		
	边界层网格层数:6	边界层网格增长比例:1.2	
	网格总数:368 万		
	0.7R 处 y^+:80	桨叶表面平均 y^+:64.5	单桨叶面网格:52 万
数值方法	☐ 可压缩		☑ 不可压缩
	☑ 有限体积法	☐ 有限元法	☐ 其他
	动量方程离散：☑ 一阶迎风　☐ 二阶迎风　☐ 二阶中心　☐ 高阶中心		
	压力-速度求解：☑ SIMPLE 算法　☐ PISO 算法　☐ 其他		
	☐ 准定常		☑ 非定常
	时间项离散	☐ 显示　☑ 隐式	
		☑ 一阶　☐ 二阶	
	时间步长 $\Delta\theta/(°)$:2	时间步长 $\Delta t/s$:1.61×10^{-4}	
湍流模型	湍流模型:SST κ-ω 模型		
	湍流对流项离散：☑ 一阶迎风　☐ 二阶迎风　☐ 二阶中心　☐ 高阶中心		
	☐ 考虑转捩		☑ 不考虑转捩
空泡模型	空泡模型:Schnerr-Sauer 模型		
边界条件	斜流模拟方法：　☑ 倾斜桨轴　☐ 偏置来流		
	桨叶:无滑移	桨毂:无滑移	入口:3.5 m/s	出口:压力出口

续表 2.4

工况 1 ($\theta=12°$、$J=0.406$、$\sigma_V=7.27$)		
K_T:0.163 0	$10K_Q$:0.203 0	η:51.91%

	$\theta/(°)$	主桨叶空泡形态	桨叶空泡形态	空泡面积比
计算结果	0			21.1%
	20			19.0%
	310			20.3%

空泡脉动压力叶频幅值

测点	1 阶/Pa	2 阶/Pa	3 阶/Pa	测点	1 阶/Pa	2 阶/Pa	3 阶/Pa
P01	205.2	15.2	1.6	P08	208.5	8.8	2.5
P02	263.9	22.2	3.3	P09	264.6	16	2.8
P03	251.3	25.3	3.3	P10	256.7	18.6	2.0
P04	131.3	7.4	1.0	P11	176.8	7.6	3.4
P05	271.4	11.7	1.7	P12	222.7	12.6	3.6
P06	281.2	19.5	2.6	P13	213.4	14.1	3.7
P07	269.5	22.4	5.6	P14	153.6	10.4	5.1

续表 2.4

工况 2 ($\theta=7°$、$J=0.406$、$\sigma_V=7.27$)				
	K_T:0.153 2		$10K_Q$:0.187 3	η:52.88%
	$\theta/(°)$	主桨叶空泡形态	桨叶空泡形态	空泡面积比
计算结果	0			12.7%
	20			14.5%
	310			7.71%

2.5　山东科技大学计算结果

山东科技大学计算结果见表2.5。

表2.5　山东科技大学计算结果

单位名称	山东科技大学		
求解器	☑ 商软 CFD	☐ 开源 CFD	☐ 自研 CFD
计算域	☑ 滑移网格	☐ 重叠网格	☐ 多参考系
	上游距离:5D	下游距离:17D	侧面距离:1.6D
计算网格	☐ 结构网格		☑ 非结构网格
	☑ 有局部加密		☐ 无局部加密
	体网格类型：☐ 四面体　☐ 六面体　☐ 多面体　☑ 混合		
	面网格类型：☐ 三角形　☐ 四边形　☐ 多边形　☑ 混合		
	边界层网格类型：☑ 棱柱形　☐ 六面体　☐ 多面体　☐ 无		
	边界层网格层数:21		边界层网格增长比例:1.05
	网格总数:1 062 万		
	0.7R 处 y^+:1.15	桨叶表面平均 y^+:0.95	单桨叶面网格:6.1 万
数值方法	☐ 可压缩		☑ 不可压缩
	☑ 有限体积法	☐ 有限元法	☐ 其他
	动量方程离散：☐ 一阶迎风　☑ 二阶迎风　☐ 二阶中心　☐ 高阶中心		
	压力-速度求解：☑ SIMPLE 算法　☐ PISO 算法　☐ 其他		
	☐ 准定常		☑ 非定常
	时间项离散		☐ 显示　☑ 隐式
			☐ 一阶　☑ 二阶
	时间步长 $\Delta\theta/(°)$:0.25		时间步长 $\Delta t/s$:2×10^{-5}
湍流模型	湍流模型:SST κ-ω 分离涡模型		
	湍流对流项离散：☐ 一阶迎风　☑ 二阶迎风　☐ 二阶中心　☐ 高阶中心		
	☐ 考虑转捩		☑ 不考虑转捩
空泡模型	空泡模型:Schnerr-Sauer 模型		
边界条件	斜流模拟方法：　☑ 倾斜桨轴　☐ 偏置来流		
	桨叶:无滑移	桨毂:无滑移	入口:3.5 m/s　出口:压力出口

续表 2.5

<table>
<tr><td colspan="4">工况 1（$\theta=12°$、$J=0.406$、$\sigma_V=7.27$）</td></tr>
<tr><td colspan="2">K_T:0.169 0</td><td>$10K_Q$:0.199 0</td><td>η:54.9%</td></tr>
<tr><td rowspan="4">计算结果</td><td>$\theta/(°)$</td><td>主桨叶空泡形态</td><td>桨叶空泡形态</td><td>空泡面积比</td></tr>
<tr><td>0</td><td></td><td></td><td>26.32%</td></tr>
<tr><td>20</td><td></td><td></td><td>23.76%</td></tr>
<tr><td>310</td><td></td><td></td><td>29.28%</td></tr>
</table>

空泡脉动压力叶频幅值

测点	1 阶/Pa	2 阶/Pa	3 阶/Pa	测点	1 阶/Pa	2 阶/Pa	3 阶/Pa
P01	605.3	36.5	14.2	P08	645.7	58.9	11.0
P02	478.8	33.0	13.9	P09	509.4	55.0	12.7
P03	282.4	14.2	13.2	P10	313.6	36.0	12.6
P04	584.7	31.1	10.7	P11	549.5	44.0	13.8
P05	661.4	53.1	8.5	P12	449.2	41.4	14.0
P06	521.3	50.3	8.3	P13	291.9	28.6	13.3
P07	309.6	30.0	10.6	P14	363.0	20.6	12.0

续表 2.5

工况 2（$\theta=7°$、$J=0.406$、$\sigma_V=7.27$）		
K_T:0.165 0	$10K_Q$:0.197 0	η:54.1%

	$\theta/(°)$	主桨叶空泡形态	桨叶空泡形态	空泡面积比
计算结果	0			12.7%
	20			20.35%
	310			23.43%

2.6 上海海事大学计算结果

上海海事大学计算结果见表2.6。

表2.6 上海海事大学计算结果

单位名称	上海海事大学		
求解器	☑ 商软 CFD	☐ 开源 CFD	☐ 自研 CFD
计算域	☑ 滑移网格	☐ 重叠网格	☐ 多参考系
	上游距离:5D	下游距离:15D	侧面距离:5D
计算网格	☐ 结构网格		☑ 非结构网格
	☑ 有局部加密		☐ 无局部加密
	体网格类型: ☐ 四面体 ☑ 六面体 ☐ 多面体 ☐ 混合		
	面网格类型: ☐ 三角形 ☑ 四边形 ☐ 多边形 ☐ 混合		
	边界层网格类型: ☐ 棱柱形 ☑ 六面体 ☐ 多面体 ☐ 无		
	边界层网格层数:5	边界层网格增长比例:1.1	
	网格总数:268万		
	0.7R 处 y^+:102	桨叶表面平均 y^+:66	单桨叶面网格:4.55万
数值方法	☐ 可压缩		☑ 不可压缩
	☑ 有限体积法	☐ 有限元法	☐ 其他
	动量方程离散:☐ 一阶迎风 ☑ 二阶迎风 ☐ 二阶中心 ☐ 高阶中心		
	压力-速度求解:☑ SIMPLE 算法 ☐ PISO 算法 ☐ 其他		
	☐ 准定常		☑ 非定常
	时间项离散	☐ 显示 ☑ 隐式	
		☑ 一阶 ☐ 二阶	
	时间步长 $\Delta\theta/(°)$:2	时间步长 $\Delta t/s$:1.61×10^{-4}	
湍流模型	湍流模型:SST κ-ω 模型		
	湍流对流项离散:☐ 一阶迎风 ☑ 二阶迎风 ☐ 二阶中心 ☐ 高阶中心		
	☐ 考虑转捩		☑ 不考虑转捩
空泡模型	空泡模型:Schnerr-Sauer 模型		
边界条件	斜流模拟方法: ☑ 倾斜桨轴 ☐ 偏置来流		
	桨叶:无滑移	桨毂:无滑移	入口:3.5 m/s	出口:压力出口

续表 2.6

工况 1（$\theta=12°$、$J=0.406$、$\sigma_V=7.27$）		
K_T:0.153 4	$10K_Q$:0.192 2	η:51.59%

	$\theta/(°)$	主桨叶空泡形态	桨叶空泡形态	空泡面积比
计算结果	0			30.98%
	20			28.68%
	310			30.84%

空泡脉动压力叶频幅值

测点	1 阶/Pa	2 阶/Pa	3 阶/Pa	测点	1 阶/Pa	2 阶/Pa	3 阶/Pa
P01	631.2	36.3	28.1	P08	647.7	111.8	7.7
P02	564.6	27.4	21.1	P09	621.8	130.2	9.1
P03	356.8	37.6	27.7	P10	423.1	115.7	21.1
P04	459.8	65.4	26.1	P11	567.1	101.9	24.7
P05	650.9	66.4	13.5	P12	596.2	114.1	17.1
P06	646.9	79.4	15.2	P13	403.2	82.9	28.8
P07	403.8	75.2	17.1	P14	496.6	61.6	34.7

续表 2.6

工况 2 ($\theta=7°$、$J=0.406$、$\sigma_V=7.27$)			
K_T:0.156 3		$10K_Q$:0.193 9	η:52.11%
$\theta/(°)$	主桨叶空泡形态	桨叶空泡形态	空泡面积比
0			25.33%
20			22.86%
310			24.49%

计算结果

2.7 武汉大学计算结果

武汉大学计算结果见表2.7。

表 2.7 武汉大学计算结果

单位名称	武汉大学		
求解器	☑ 商软 CFD	☐ 开源 CFD	☐ 自研 CFD
计算域	☑ 滑移网格	☐ 重叠网格	☐ 多参考系
	上游距离:$6D$	下游距离:$9.3D$	侧面距离:$3.2D$
计算网格	☐ 结构网格		☑ 非结构网格
	☑ 有局部加密		☐ 无局部加密
	体网格类型: ☐ 四面体 ☐ 六面体 ☐ 多面体 ☑ 混合		
	面网格类型: ☐ 三角形 ☐ 四边形 ☑ 多边形 ☐ 混合		
	边界层网格类型: ☐ 棱柱形 ☐ 六面体 ☑ 多面体 ☐ 无		
	边界层网格层数:11		边界层网格增长比例:1.2
	网格总数:918 万		
	$0.7R$ 处 y^+:7.5	桨叶表面平均 y^+:6.9	单桨叶面网格:9.4 万
数值方法	☐ 可压缩		☑ 不可压缩
	☑ 有限体积法	☐ 有限元法	☐ 其他
	动量方程离散:☐ 一阶迎风 ☐ 二阶迎风 ☑ 二阶中心 ☐ 高阶中心		
	压力-速度求解:☑ SIMPLE 算法 ☐ PISO 算法 ☐ 其他		
	☐ 准定常		☑ 非定常
	时间项离散	☐ 显示	☑ 隐式
		☐ 一阶	☑ 二阶
	时间步长 $\Delta\theta/(°)$:0.5		时间步长 $\Delta t/s$:4.02×10^{-5}
湍流模型	湍流模型:DES 模型		
	湍流对流项离散:☐ 一阶迎风 ☐ 二阶迎风 ☑ 二阶中心 ☐ 高阶中心		
	☐ 考虑转捩		☑ 不考虑转捩
空泡模型	空泡模型:Schnerr-Sauer 模型		
边界条件	斜流模拟方法: ☑ 倾斜桨轴 ☐ 偏置来流		
	桨叶:无滑移	桨毂:无滑移	入口:3.5 m/s	出口:压力出口

续表 2.7

工况 1（$\theta=12°$、$J=0.406$、$\sigma_V=7.27$）		
K_T:0.160 3	$10K_Q$:0.194 0	η:53.39%

	$\theta/(°)$	主桨叶空泡形态	桨叶空泡形态	空泡面积比
计算结果	0			25.6%
	20			23.0%
	310			28.3%

空泡脉动压力叶频幅值

测点	1 阶/Pa	2 阶/Pa	3 阶/Pa	测点	1 阶/Pa	2 阶/Pa	3 阶/Pa
P01	485.9	23.9	7.5	P08	503.5	22.6	14.0
P02	623.6	42.4	8.3	P09	643.8	45.0	11.7
P03	596.1	51.5	8.6	P10	610.9	54.4	11.7
P04	332.6	17.4	12.3	P11	420.0	12.5	9.9
P05	528.1	29.7	10.7	P12	526.9	25.1	8.2
P06	681.8	53.0	13.8	P13	497.0	32.2	6.6
P07	649.9	63.6	15.9	P14	372.6	10.6	10.3

续表 2.7

工况 2（$\theta=7°$、$J=0.406$、$\sigma_V=7.27$）			
K_T:0.156 1		$10K_Q$:0.189 2	η:53.31%
	$\theta/(°)$	主桨叶空泡形态	桨叶空泡形态	空泡面积比
计算结果	0			21.5%
	20			19.9%
	310			23.1%

2.8 武汉理工大学计算结果

武汉理工大学计算结果见表2.8。

表2.8 武汉理工大学计算结果

单位名称	武汉理工大学		
求解器	☑ 商软CFD	□ 开源CFD	□ 自研CFD
计算域	☑ 滑移网格	□ 重叠网格	□ 多参考系
	上游距离:4D	下游距离:8.8D	侧面距离:1.6D
计算网格	□ 结构网格		☑ 非结构网格
	☑ 有局部加密		□ 无局部加密
	体网格类型: □ 四面体 □ 六面体 ☑ 多面体 □ 混合		
	面网格类型: □ 三角形 □ 四边形 ☑ 多边形 □ 混合		
	边界层网格类型: □ 棱柱形 □ 六面体 ☑ 多面体 □ 无		
	边界层网格层数:12		边界层网格增长比例:1.3
	网格总数:1 490万		
	$0.7R$ 处 y^+:2.7	桨叶表面平均 y^+:2.3	单桨叶面网格:5.9万
数值方法	□ 可压缩		☑ 不可压缩
	□ 有限体积法	□ 有限元法	□ 其他
	动量方程离散:□ 一阶迎风 ☑ 二阶迎风 □ 二阶中心 □ 高阶中心		
	压力-速度求解:☑ SIMPLE算法 □ PISO算法 □ 其他		
	□ 准定常		☑ 非定常
	时间项离散	□ 显示	☑ 隐式
		□ 一阶	☑ 二阶
	时间步长 $\Delta\theta/(°)$:1	时间步长 $\Delta t/s$:8.05×10^{-5}	
湍流模型	湍流模型:SST κ-ω 模型		
	湍流对流项离散:□ 一阶迎风 ☑ 二阶迎风 □ 二阶中心 □ 高阶中心		
	□ 考虑转捩		☑ 不考虑转捩
空泡模型	空泡模型:Schnerr-Sauer模型		
边界条件	斜流模拟方法: ☑ 倾斜桨轴 □ 偏置来流		
	桨叶:无滑移	桨毂:无滑移	入口:3.5 m/s	出口:压力出口

续表 2.8

工况 1（$\theta=12°$、$J=0.406$、$\sigma_V=7.27$）			
	K_T:0.158 6	$10K_Q$:0.199 6	η:51.35%

	$\theta/(°)$	主桨叶空泡形态	桨叶空泡形态	空泡面积比
计算结果	0			25.3%
	20			22.6%
	310			28.2%

空泡脉动压力叶频幅值

测点	1 阶/Pa	2 阶/Pa	3 阶/Pa	测点	1 阶/Pa	2 阶/Pa	3 阶/Pa
P01	398.6	5.7	2.0	P08	450.0	27.2	2.3
P02	539.4	24.4	2.0	P09	592.3	47.2	3.3
P03	502.0	33.0	2.9	P10	553.9	55.7	4.7
P04	239.3	9.7	2.6	P11	423.8	23.6	3.2
P05	781.9	14.3	2.8	P12	533.0	38.1	3.8
P06	926.3	36.7	0.8	P13	498.7	42.9	4.5
P07	878.8	46.9	1.9	P14	427.5	19.0	3.1

续表 2.8

工况 2（$\theta=7°$、$J=0.406$、$\sigma_V=7.27$）			
K_T:0.161 7		$10K_Q$:0.198 8	η:52.54%
	$\theta/(°)$	主桨叶空泡形态	桨叶空泡形态	空泡面积比
计算结果	0			22.1%
	20			20.8%
	310			23.0%

2.9　西北工业大学计算结果

西北工业大学计算结果见表2.9。

表 2.9　西北工业大学计算结果

单位名称	西北工业大学		
求解器	☑ 商软 CFD	☐ 开源 CFD	☐ 自研 CFD
计算域	☑ 滑移网格	☐ 重叠网格	☐ 多参考系
	上游距离:6.4D	下游距离:6.4D	侧面距离:1.6D
计算网格	☑ 结构网格		☐ 非结构网格
	☑ 有局部加密		☐ 无局部加密
	体网格类型：　☐ 四面体　☑ 六面体　☐ 多面体　☐ 混合		
	面网格类型：　☐ 三角形　☑ 四边形　☐ 多边形　☐ 混合		
	边界层网格类型：　☐ 棱柱形　☑ 六面体　☐ 多面体　☐ 无		
	边界层网格层数:16		边界层网格增长比例:1.2
	网格总数:1 450 万		
	0.7R 处 y^+:1.87	桨叶表面平均 y^+:1	单桨叶面网格:10.8 万
数值方法	☐ 可压缩		☑ 不可压缩
	☑ 有限体积法	☐ 有限元法	☐ 其他
	动量方程离散:☐ 一阶迎风　☑ 二阶迎风　☐ 二阶中心　☐ 高阶中心		
	压力-速度求解:☑ SIMPLE 算法　☐ PISO 算法　☐ 其他		
	☐ 准定常		☑ 非定常
	时间项离散	☐ 显示　☑ 隐式	
		☐ 一阶　☑ 二阶	
	时间步长 $\Delta\theta/(°)$:1		时间步长 $\Delta t/s$:8.05×10^{-5}
湍流模型	湍流模型:IDDES 模型		
	湍流对流项离散:☐ 一阶迎风　☑ 二阶迎风　☐ 二阶中心　☐ 高阶中心		
	☐ 考虑转捩		☑ 不考虑转捩
空泡模型	空泡模型:Schnerr-Sauer 模型		
边界条件	斜流模拟方法：　☑ 倾斜桨轴　☐ 偏置来流		
	桨叶:无滑移	桨毂:无滑移	入口:3.5 m/s　出口:压力出口

续表 2.9

<table>
<tr><td colspan="4" align="center">工况 1（$\theta=12°$、$J=0.406$、$\sigma_V=7.27$）</td></tr>
<tr><td colspan="2" align="center">K_T:0.165 9</td><td align="center">$10K_Q$:0.199 0</td><td align="center">η:53.87%</td></tr>
<tr><td rowspan="4">计算结果</td><td>$\theta/(°)$</td><td>主桨叶空泡形态</td><td>桨叶空泡形态</td><td>空泡面积比</td></tr>
<tr><td>0</td><td></td><td></td><td>22.96%</td></tr>
<tr><td>20</td><td></td><td></td><td>20.62%</td></tr>
<tr><td>310</td><td></td><td></td><td>23.83%</td></tr>
</table>

空泡脉动压力叶频幅值

测点	1 阶/Pa	2 阶/Pa	3 阶/Pa	测点	1 阶/Pa	2 阶/Pa	3 阶/Pa
P01	390.01	15.74	11.10	P08	425.87	23.58	10.56
P02	525.57	36.79	11.82	P09	564.68	45.42	8.43
P03	487.99	45.13	12.91	P10	527.44	54.43	5.96
P04	206.45	7.94	10.77	P11	420.50	17.13	11.52
P05	407.44	20.99	11.08	P12	524.20	31.75	11.53
P06	562.20	45.27	12.11	P13	489.58	38.26	11.25
P07	526.05	56.84	11.92	P14	447.08	14.98	11.53

续表 2.9

<table>
<tr><td colspan="4">工况 2（$\theta=7°$、$J=0.406$、$\sigma_V=7.27$）</td></tr>
<tr><td colspan="2">K_T:0.167 3</td><td>$10K_Q$:0.197 3</td><td>η:54.79%</td></tr>
</table>

	$\theta/(°)$	主桨叶空泡形态	桨叶空泡形态	空泡面积比
计算结果	0			20.48%
	20			19.10%
	310			20.53%

2.10 浙江大学计算结果

浙江大学计算结果见表2.10。

表2.10 浙江大学计算结果

单位名称	浙江大学		
求解器	☑ 商软 CFD	☐ 开源 CFD	☐ 自研 CFD
计算域	☑ 滑移网格	☐ 重叠网格	☐ 多参考系
	上游距离:5D	下游距离:12D	侧面距离:1.6D
计算网格	☐ 结构网格		☑ 非结构网格
	☑ 有局部加密		☐ 无局部加密
	体网格类型: ☐ 四面体 ☐ 六面体 ☑ 多面体 ☐ 混合		
	面网格类型: ☑ 三角形 ☐ 四边形 ☐ 多边形 ☐ 混合		
	边界层网格类型: ☑ 棱柱形 ☐ 六面体 ☐ 多面体 ☐ 无		
	边界层网格层数:19		边界层网格增长比例:1.2
	网格总数:1 150万		
	0.7R 处 y^+:3	桨叶表面平均 y^+:3	单桨叶面网格:3.5万
数值方法	☐ 可压缩		☑ 不可压缩
	☑ 有限体积法	☐ 有限元法	☐ 其他
	动量方程离散:☐ 一阶迎风 ☑ 二阶迎风 ☐ 二阶中心 ☐ 高阶中心		
	压力-速度求解:☑ SIMPLE 算法 ☐ PISO 算法 ☐ 其他		
	☐ 准定常		☑ 非定常
	时间项离散	☐ 显示 ☑ 隐式	
		☐ 一阶 ☑ 二阶	
	时间步长 Δθ/(°):0.5	时间步长 Δt/s:4.02×10^{-5}	
湍流模型	湍流模型:SST κ-ω 模型		
	湍流对流项离散:☐ 一阶迎风 ☑ 二阶迎风 ☐ 二阶中心 ☐ 高阶中心		
	☐ 考虑转捩		☑ 不考虑转捩
空泡模型	空泡模型:ZGB 模型		
边界条件	斜流模拟方法: ☑ 倾斜桨轴 ☐ 偏置来流		
	桨叶:无滑移	桨毂:无滑移	入口:3.5 m/s	出口:压力出口

续表 2.10

计算结果	工况 1（$\theta=12°$、$J=0.406$、$\sigma_V=7.27$）			
	K_T:0.164 5		$10K_Q$:0.199 9	η:53.16%
	$\theta/(°)$	主桨叶空泡形态	桨叶空泡形态	空泡面积比
	0			27.65%
	20			25.42%
	310			28.82%
	空泡脉动压力叶频幅值			

测点	1 阶/Pa	2 阶/Pa	3 阶/Pa	测点	1 阶/Pa	2 阶/Pa	3 阶/Pa
P01	504.75	21.51	12.32	P08	493.94	19.98	11.55
P02	650.90	38.71	12.73	P09	639.24	41.56	10.51
P03	620.27	46.38	14.15	P10	603.49	53.64	9.23
P04	327.35	6.55	12.18	P11	407.40	26.51	11.48
P05	530.62	7.84	12.88	P12	518.67	42.36	11.15
P06	690.25	32.74	15.02	P13	487.00	49.66	10.99
P07	655.45	45.85	16.83	P14	371.88	29.36	12.51

续表 2.10

工况 2（$\theta=7°$、$J=0.406$、$\sigma_V=7.27$）		
K_T:0.163 4	$10K_Q$:0.199 0	η:53.04%

	$\theta/(°)$	主桨叶空泡形态	桨叶空泡形态	空泡面积比
计算结果	0			23.25%
	20			21.91%
	310			24.06%

2.11 中山大学计算结果

中山大学计算结果见表 2.11。

表 2.11 中山大学计算结果

单位名称	中山大学		
求解器	☑ 商软 CFD	☐ 开源 CFD	☐ 自研 CFD
计算域	☑ 滑移网格	☐ 重叠网格	☐ 多参考系
	上游距离:1.2D	下游距离:6.8D	侧面距离:2.5D
计算网格	☐ 结构网格　　　　　　　　　　☑ 非结构网格		
	☑ 有局部加密　　　　　　　　　☐ 无局部加密		
	体网格类型:　　☐ 四面体　☑ 六面体　☐ 多面体　☐ 混合		
	面网格类型:　　☐ 三角形　☑ 四边形　☐ 多边形　☐ 混合		
	边界层网格类型:　☐ 棱柱形　☑ 六面体　☐ 多面体　☐ 无		
	边界层网格层数:20　　　　　　边界层网格增长比例:1.3		
	网格总数:4 153 万		
	0.7R 处 y^+:31.7	桨叶表面平均 y^+:27.4	单桨叶面网格:4.2 万
数值方法	☐ 可压缩　　　　　　　　　　　☑ 不可压缩		
	☑ 有限体积法　　☐ 有限元法　　☐ 其他		
	动量方程离散:☐ 一阶迎风　☑ 二阶迎风　☐ 二阶中心　☐ 高阶中心		
	压力-速度求解:☑ SIMPLE 算法　☐ PISO 算法　☐ 其他		
	☐ 准定常　　　　　　　　　　　☑ 非定常		
	时间项离散	☐ 显示　☑ 隐式	
		☐ 一阶　☑ 二阶	
	时间步长 $\Delta\theta/(°)$:1	时间步长 $\Delta t/s$:8.05×10^{-5}	
湍流模型	湍流模型:SST κ-ω IDDES 模型		
	湍流对流项离散:☐ 一阶迎风　☑ 二阶迎风　☐ 二阶中心　☐ 高阶中心		
	☐ 考虑转捩　　　　　　　　　　☑ 不考虑转捩		
空泡模型	空泡模型:Schnerr-Sauer 模型		
边界条件	斜流模拟方法:　☑ 倾斜桨轴　☐ 偏置来流		
	桨叶:无滑移	桨毂:无滑移	入口:3.5 m/s　　出口:压力出口

续表 2.11

工况 1（$\theta=12°$、$J=0.406$、$\sigma_V=7.27$）			
K_T:0.165 8		$10K_Q$:0.209 9	η:51.03%
$\theta/(°)$	主桨叶空泡形态	桨叶空泡形态	空泡面积比
0			26.2%
20			24.0%
310			28.7%

计算结果

空泡脉动压力叶频幅值

测点	1 阶/Pa	2 阶/Pa	3 阶/Pa	测点	1 阶/Pa	2 阶/Pa	3 阶/Pa
P01	462.7	23.6	3.4	P08	437.2	15.0	6.6
P02	607.9	44.2	1.3	P09	593.6	37.5	3.6
P03	586.0	54.2	4.0	P10	575.0	50.0	3.2
P04	269.4	9.4	9.0	P11	385.3	16.7	3.9
P05	466.0	18.8	5.1	P12	508.7	33.7	4.0
P06	631.2	41.5	1.1	P13	491.2	42.8	4.9
P07	610.7	53.5	3.0	P14	406.2	26.3	2.5

续表 2.11

工况 2（$\theta=7°$、$J=0.406$、$\sigma_V=7.27$）		
K_T:0.166 3	$10K_Q$:0.205 5	η:52.32%

	$\theta/(°)$	主桨叶空泡形态	桨叶空泡形态	空泡面积比
计算结果	0			21.5%
	20			20.3%
	310			22.3%

2.12　汉江实验室计算结果

汉江实验室计算结果见表2.12。

表2.12　汉江实验室计算结果

单位名称	汉江实验室		
求解器	☑ 商软 CFD	☐ 开源 CFD	☐ 自研 CFD
计算域	☑ 滑移网格	☐ 重叠网格	☐ 多参考系
	上游距离:6D	下游距离:6.8D	侧面距离:1.48D
计算网格	☐ 结构网格		☑ 非结构网格
	☑ 有局部加密		☐ 无局部加密
	体网格类型：	☑ 四面体　☐ 六面体　☐ 多面体　☐ 混合	
	面网格类型：	☑ 三角形　☐ 四边形　☐ 多边形　☐ 混合	
	边界层网格类型：	☑ 棱柱形　☐ 六面体　☐ 多面体　☐ 无	
	边界层网格层数:5		边界层网格增长比例:1.2
	网格总数:528 万		
	$0.7R$ 处 y^+:10	桨叶表面平均 y^+:8	单桨叶面网格:1.4 万
数值方法	☐ 可压缩		☑ 不可压缩
	☑ 有限体积法	☐ 有限元法	☐ 其他
	动量方程离散:☐ 一阶迎风　☐ 二阶迎风　☐ 二阶中心　☑ 高阶中心		
	压力-速度求解:☐ SIMPLE 算法　☐ PISO 算法　☑ 其他(Coupled)		
	☐ 准定常		☑ 非定常
	时间项离散	☐ 显示　☑ 隐式	
		☐ 一阶　☑ 二阶	
	时间步长 $\Delta\theta/(°)$:1		时间步长 $\Delta t/s$:8.05×10^{-5}
湍流模型	湍流模型:SST κ-ω 模型		
	湍流对流项离散:☐ 一阶迎风　☐ 二阶迎风　☐ 二阶中心　☑ 高阶中心		
	☐ 考虑转捩		☑ 不考虑转捩
空泡模型	空泡模型:ZGB 模型		
边界条件	斜流模拟方法：　☑ 倾斜桨轴　☐ 偏置来流		
	桨叶:无滑移	桨毂:无滑移	入口:3.5 m/s　出口:压力出口

续表 2.12

<table>
<tr><td colspan="4">工况 1 ($\theta=12°$、$J=0.406$、$\sigma_V=7.27$)</td></tr>
<tr><td colspan="2">K_T:0.164</td><td>$10K_Q$:0.205</td><td>η:51.7%</td></tr>
</table>

<table>
<tr><td rowspan="4">计算结果</td><td>$\theta/(°)$</td><td>主桨叶空泡形态</td><td>桨叶空泡形态</td><td>空泡面积比</td></tr>
<tr><td>0</td><td></td><td></td><td>29.8%</td></tr>
<tr><td>20</td><td></td><td></td><td>28.32%</td></tr>
<tr><td>310</td><td></td><td></td><td>29.5%</td></tr>
<tr><td colspan="4">空泡脉动压力叶频幅值</td></tr>
</table>

测点	1 阶/Pa	2 阶/Pa	3 阶/Pa	测点	1 阶/Pa	2 阶/Pa	3 阶/Pa
P01	389.7	63.5	5.3	P08	317.5	51.6	5.2
P02	373.4	104.3	6.6	P09	363.8	98.8	4.9
P03	247.8	105.6	7.6	P10	230.9	97.4	4.5
P04	296.5	25.5	5.5	P11	312.5	38.6	5.1
P05	403.3	64.8	6.8	P12	299.3	65.6	4.7
P06	385.3	117.5	9.6	P13	199.6	65.3	4.7
P07	247.4	114.8	10.1	P14	229.7	43.5	6.7

续表 2.12

工况 2（$\theta=7°$、$J=0.406$、$\sigma_V=7.27$）		
K_T:0.163	$10K_Q$:0.204	η:51.63%

	$\theta/(°)$	主桨叶空泡形态	桨叶空泡形态	空泡面积比
计算结果	0			16.88%
	20			14.88%
	310			18.33%

2.13 深海技术科学太湖实验室计算结果

深海技术科学太湖实验室计算结果见表2.13。

表2.13 深海技术科学太湖实验室计算结果

单位名称	深海技术科学太湖实验室		
求解器	☑ 商软CFD	☐ 开源CFD	☐ 自研CFD
计算域	☑ 滑移网格	☐ 重叠网格	☐ 多参考系
	上游距离:4D	下游距离:8D	侧面距离:4D
计算网格	☐ 结构网格		☑ 非结构网格
	☑ 有局部加密		☐ 无局部加密
	体网格类型: ☐ 四面体 ☑ 六面体 ☐ 多面体 ☐ 混合		
	面网格类型: ☐ 三角形 ☐ 四边形 ☐ 多边形 ☑ 混合		
	边界层网格类型: ☑ 棱柱形 ☐ 六面体 ☐ 多面体 ☐ 无		
	边界层网格层数:5	边界层网格增长比例:1.1	
	网格总数:275万		
	$0.7R$ 处 y^+:150	桨叶表面平均 y^+:118	单桨叶面网格:0.9万
数值方法	☐ 可压缩		☑ 不可压缩
	☑ 有限体积法	☐ 有限元法	☐ 其他
	动量方程离散:☐ 一阶迎风 ☑ 二阶迎风 ☐ 二阶中心 ☐ 高阶中心		
	压力-速度求解:☑ SIMPLE算法 ☐ PISO算法 ☐ 其他		
	☐ 准定常		☑ 非定常
	时间项离散	☐ 显示 ☑ 隐式	
		☐ 一阶 ☑ 二阶	
	时间步长 $\Delta\theta/(°)$:1	时间步长 $\Delta t/s$:8.05×10^{-5}	
湍流模型	湍流模型:SST κ-ω 模型		
	湍流对流项离散:☐ 一阶迎风 ☑ 二阶迎风 ☐ 二阶中心 ☐ 高阶中心		
	☐ 考虑转捩		☑ 不考虑转捩
空泡模型	空泡模型:Schnerr-Sauer 模型		
边界条件	斜流模拟方法: ☑ 倾斜桨轴 ☐ 偏置来流		
	桨叶:无滑移	桨毂:无滑移	入口:3.5 m/s	出口:压力出口

续表 2.13

<table>
<tr><td colspan="4" align="center">工况 1 ($\theta=12°$、$J=0.406$、$\sigma_V=7.27$)</td></tr>
<tr><td colspan="2" align="center">K_T:0.165 3</td><td align="center">$10K_Q$:0.206 8</td><td align="center">η:51.65%</td></tr>
</table>

	$\theta/(°)$	主桨叶空泡形态	桨叶空泡形态	空泡面积比
计算结果	0			26.8%
	20			23.9%
	310			28.8%

空泡脉动压力叶频幅值

测点	1 阶/Pa	2 阶/Pa	3 阶/Pa	测点	1 阶/Pa	2 阶/Pa	3 阶/Pa
P01	460.2	28.8	12.6	P08	475.8	25.2	10.1
P02	590.0	49.2	10.5	P09	569.2	34.6	9.6
P03	542.9	56.4	11.8	P10	557.8	44.2	10.4
P04	355.8	24.2	11.9	P11	443.4	12.3	12.4
P05	484.8	35.1	12.4	P12	529.0	18.7	11.9
P06	583.4	48.4	12.0	P13	513.0	26.5	12.0
P07	575.5	62.5	9.8	P14	408.6	15.4	12.3

续表 2.13

工况 2 ($\theta=7°$、$J=0.406$、$\sigma_V=7.27$)		
K_T:0.163 8	$10K_Q$:0.205 1	η:51.61%

	$\theta/(°)$	主桨叶空泡形态	桨叶空泡形态	空泡面积比
计算结果	0			22.8%
	20			21.0%
	310			24.4%

2.14　上海船舶研究设计院计算结果

上海船舶研究设计院计算结果见表 2.14。

表 2.14　上海船舶研究设计院计算结果

单位名称	上海船舶研究设计院		
求解器	☑ 商软 CFD	☐ 开源 CFD	☐ 自研 CFD
计算域	☑ 滑移网格	☐ 重叠网格	☐ 多参考系
	上游距离:5D	下游距离:10D	侧面距离:2.5D
计算网格	☐ 结构网格		☑ 非结构网格
	☑ 有局部加密		☐ 无局部加密
	体网格类型:　☐ 四面体　☑ 六面体　☐ 多面体　☐ 混合		
	面网格类型:　☐ 三角形　☑ 四边形　☐ 多边形　☐ 混合		
	边界层网格类型:　☐ 棱柱形　☑ 六面体　☐ 多面体　☐ 无		
	边界层网格层数:8		边界层网格增长比例:1.3
	网格总数:979 万		
	0.7R 处 y^+:4	桨叶表面平均 y^+:3	单桨叶面网格:9.2 万
数值方法	☐ 可压缩		☑ 不可压缩
	☑ 有限体积法	☐ 有限元法	☐ 其他
	动量方程离散:☐ 一阶迎风　☑ 二阶迎风　☐ 二阶中心　☐ 高阶中心		
	压力-速度求解:☑ SIMPLE 算法　☐ PISO 算法　☐ 其他		
	☐ 准定常		☑ 非定常
	时间项离散		☐ 显示　☑ 隐式
			☐ 一阶　☑ 二阶
	时间步长 $\Delta\theta/(°)$:0.25		时间步长 $\Delta t/s$:2.01×10^{-5}
湍流模型	湍流模型:SST κ-ω 模型		
	湍流对流项离散:☐ 一阶迎风　☑ 二阶迎风　☐ 二阶中心　☐ 高阶中心		
	☐ 考虑转捩		☑ 不考虑转捩
空泡模型	空泡模型:Schnerr-Sauer 模型		
边界条件	斜流模拟方法:　☑ 倾斜桨轴　☐ 偏置来流		
	桨叶:无滑移	桨毂:无滑移	入口:3.5 m/s　出口:压力出口

续表 2.14

工况 1 ($\theta=12°$、$J=0.406$、$\sigma_V=7.27$)		
K_T:0.164 7	$10K_Q$:0.196 8	η:54.1%

	$\theta/(°)$	主桨叶空泡形态	桨叶空泡形态	空泡面积比
计算结果	0			24.7%
	20			25.3%
	310			17.3%

空泡脉动压力叶频幅值

测点	1 阶/Pa	2 阶/Pa	3 阶/Pa	测点	1 阶/Pa	2 阶/Pa	3 阶/Pa
P01	498.9	27.7	3.24	P08	537.3	29.7	2.4
P02	650.2	58.3	5.7	P09	647.7	51.5	4.9
P03	594.6	66.2	6.7	P10	587.5	58.8	7.8
P04	353.4	13.4	1.6	P11	444.3	23.1	1.5
P05	568.8	34.5	1.5	P12	523.6	37.5	2.9
P06	695.6	61.2	3.2	P13	472.1	40.4	4.6
P07	633.9	19.6	5.5	P14	358.0	20.7	1.1

续表 2.14

	工况 2（$\theta=7°$、$J=0.406$、$\sigma_V=7.27$）		
	K_T:0.160 2	$10K_Q$:0.193 3	η:53.6%
$\theta/(°)$	主桨叶空泡形态	桨叶空泡形态	空泡面积比
0			22.6%
20			23.3%
310			15.9%

计算结果

2.15 上海船舶运输科学研究所计算结果

上海船舶运输科学研究所计算结果见表2.15。

表2.15 上海船舶运输科学研究所计算结果

单位名称	上海船舶运输科学研究所		
求解器	☑ 商软 CFD	□ 开源 CFD	□ 自研 CFD
计算域	☑ 滑移网格	□ 重叠网格	□ 多参考系
	上游距离:20D	下游距离:40D	侧面距离:20D
计算网格	□ 结构网格		☑ 非结构网格
	☑ 有局部加密		□ 无局部加密
	体网格类型: □ 四面体 ☑ 六面体 □ 多面体 □ 混合		
	面网格类型: □ 三角形 ☑ 四边形 □ 多边形 □ 混合		
	边界层网格类型: □ 棱柱形 ☑ 六面体 □ 多面体 □ 无		
	边界层网格层数:8	边界层网格增长比例:1.3	
	网格总数:640 万		
	0.7R 处 y^+:30	桨叶表面平均 y^+:25	单桨叶面网格:8 万
数值方法	□ 可压缩		☑ 不可压缩
	☑ 有限体积法	□ 有限元法	□ 其他
	动量方程离散:□ 一阶迎风 ☑ 二阶迎风 □ 二阶中心 □ 高阶中心		
	压力-速度求解:☑ SIMPLE 算法 □ PISO 算法 □ 其他		
	□ 准定常		☑ 非定常
	时间项离散	□ 显示 ☑ 隐式	
		☑ 一阶 □ 二阶	
	时间步长 Δθ/(°):2	时间步长 Δt/s:1.61×10^{-4}	
湍流模型	湍流模型:SST κ-ω 模型		
	湍流对流项离散:□ 一阶迎风 ☑ 二阶迎风 □ 二阶中心 □ 高阶中心		
	□ 考虑转捩	☑ 不考虑转捩	
空泡模型	空泡模型:Schnerr-Sauer 模型		
边界条件	斜流模拟方法: ☑ 倾斜桨轴 □ 偏置来流		
	桨叶:无滑移	桨毂:无滑移	入口:3.5 m/s	出口:压力出口

续表 2.15

<table>
<tr><td colspan="4">工况 1（$\theta=12°$、$J=0.406$、$\sigma_V=7.27$）</td></tr>
<tr><td colspan="2">K_T:0.171 1</td><td>$10K_Q$:0.211 1</td><td>η:52.38%</td></tr>
</table>

	$\theta/(°)$	主桨叶空泡形态	桨叶空泡形态	空泡面积比
计算结果	0			29.88%
	20			27.28%
	310			31.35%

空泡脉动压力叶频幅值

测点	1 阶/Pa	2 阶/Pa	3 阶/Pa	测点	1 阶/Pa	2 阶/Pa	3 阶/Pa
P01	448.5	35.4	5.9	P08	445.4	14.4	5.9
P02	573.0	49.7	6.3	P09	570.1	30.9	6.1
P03	562.9	54.6	6.4	P10	550.5	41.1	6.2
P04	278.5	20.8	5.7	P11	387.9	33.7	5.6
P05	464.8	16.4	6.1	P12	482.8	46.9	5.6
P06	599.8	30.6	6.5	P13	464.7	51.9	5.6
P07	579.5	39.3	6.6	P14	372.0	43.8	5.5

续表 2.15

工况 2($\theta=7°$、$J=0.406$、$\sigma_V=7.27$)			
K_T:0.169 9		$10K_Q$:0.209 7	η:52.36%
	$\theta/(°)$	主桨叶空泡形态	桨叶空泡形态	空泡面积比

	$\theta/(°)$	主桨叶空泡形态	桨叶空泡形态	空泡面积比
计算结果	0			25.47%
	20			24.14%
	310			26.23%

2.16 中国船舶集团第七〇一研究所计算结果

中国船舶集团第七〇一研究所计算结果见表2.16。

表2.16 中国船舶集团第七〇一研究所计算结果

单位名称	中国船舶集团第七〇一研究所		
求解器	☑ 商软CFD	☐ 开源CFD	☐ 自研CFD
计算域	☑ 滑移网格	☐ 重叠网格	☐ 多参考系
	上游距离:5D	下游距离:10D	侧面距离:5D
计算网格	☐ 结构网格		☑ 非结构网格
	☑ 有局部加密		☐ 无局部加密
	体网格类型: ☐ 四面体 ☑ 六面体 ☐ 多面体 ☐ 混合		
	面网格类型: ☐ 三角形 ☑ 四边形 ☐ 多边形 ☐ 混合		
	边界层网格类型: ☐ 棱柱形 ☑ 六面体 ☐ 多面体 ☐ 无		
	边界层网格层数:20		边界层网格增长比例:1.12
	网格总数:600万		
	0.7R处y^+:0.4	桨叶表面平均y^+:0.5	单桨叶面网格:3.1万
数值方法	☐ 可压缩		☑ 不可压缩
	☑ 有限体积法	☐ 有限元法	☐ 其他
	动量方程离散:☐ 一阶迎风 ☑ 二阶迎风 ☐ 二阶中心 ☐ 高阶中心		
	压力-速度求解:☑ SIMPLE算法 ☐ PISO算法 ☐ 其他		
	☐ 准定常		☑ 非定常
	时间项离散		☐ 显示 ☑ 隐式
			☑ 一阶 ☐ 二阶
	时间步长$\Delta\theta/(°)$:1		时间步长$\Delta t/s$:8.05×10^{-5}
湍流模型	湍流模型:Realizable k-ε 模型		
	湍流对流项离散:☐ 一阶迎风 ☑ 二阶迎风 ☐ 二阶中心 ☐ 高阶中心		
	☐ 考虑转捩		☑ 不考虑转捩
空泡模型	空泡模型:Schnerr-Sauer模型		
边界条件	斜流模拟方法: ☑ 倾斜桨轴 ☐ 偏置来流		
	桨叶:无滑移	桨毂:无滑移	入口:3.5 m/s 出口:压力出口

续表 2.16

工况 1（$\theta=12°$、$J=0.406$、$\sigma_V=7.27$）			
K_T:0.162 8		10K_Q:0.198 7	η:52.95%

	$\theta/(°)$	主桨叶空泡形态	桨叶空泡形态	空泡面积比
计算结果	0			25.1%
	20			22.6%
	310			25.9%

空泡脉动压力叶频幅值

测点	1 阶/Pa	2 阶/Pa	3 阶/Pa	测点	1 阶/Pa	2 阶/Pa	3 阶/Pa
P01	484.1	21.0	1.3	P08	569.4	46.0	3.1
P02	584.0	47.2	6.5	P09	305.5	4.0	0.3
P03	429.9	20.7	2.8	P10	518.0	18.2	0.6
P04	510.9	32.3	3.5	P11	639.8	35.0	2.6
P05	481.8	39.0	4.0	P12	609.0	46.6	3.2
P06	358.3	17.9	1.7	P13	505.2	20.6	3.0
P07	593.8	36.4	1.9	P14	614.4	36.5	4.9

续表 2.16

	工况 2（$\theta=7°$、$J=0.406$、$\sigma_V=7.27$）		
	K_T:0.161 4	$10K_Q$:0.196 9	η:52.98%
	$\theta/(°)$	主桨叶空泡形态	桨叶空泡形态	空泡面积比
计算结果	0			19.8%
	20			18.4%
	310			19.9%

2.17 中国船舶集团第七〇二研究所计算结果

中国船舶集团第七〇二研究所计算结果见表2.17。

表2.17 中国船舶集团第七〇二研究所计算结果

单位名称	中国船舶集团第七〇二研究所		
求解器	□ 商软CFD	☑ 开源CFD	□ 自研CFD
计算域	☑ 滑移网格	□ 重叠网格	□ 多参考系
	上游距离:5D	下游距离:15D	侧面距离:1.6D
计算网格	□ 结构网格		☑ 非结构网格
	☑ 有局部加密		□ 无局部加密
	体网格类型: □ 四面体 □ 六面体 ☑ 多面体 □ 混合		
	面网格类型: □ 三角形 □ 四边形 ☑ 多边形 □ 混合		
	边界层网格类型: □ 棱柱形 □ 六面体 ☑ 多面体 □ 无		
	边界层网格层数:4	边界层网格增长比例:1.01	
	网格总数:518万		
	$0.7R$ 处 y^+:58	桨叶表面平均 y^+:24	单桨叶面网格:5.4万
数值方法	□ 可压缩		☑ 不可压缩
	☑ 有限体积法	□ 有限元法	□ 其他
	动量方程离散:□ 一阶迎风 ☑ 二阶迎风 □ 二阶中心 □ 高阶中心		
	压力-速度求解:☑ SIMPLE算法 □ PISO算法 □ 其他		
	□ 准定常		☑ 非定常
	时间项离散	□ 显示 ☑ 隐式	
		□ 一阶 ☑ 二阶	
	时间步长 $\Delta\theta/(°)$:1	时间步长 $\Delta t/\mathrm{s}$:8.05×10^{-5}	
湍流模型	湍流模型:SST κ-ω 模型		
	湍流对流项离散:□ 一阶迎风 ☑ 二阶迎风 □ 二阶中心 □ 高阶中心		
	□ 考虑转捩		☑ 不考虑转捩
空泡模型	空泡模型:Schnerr-Sauer 模型		
边界条件	斜流模拟方法: ☑ 倾斜桨轴 □ 偏置来流		
	桨叶:无滑移	桨毂:无滑移	入口:3.5 m/s	出口:压力出口

续表 2.17

<table>
<tr><td colspan="4" align="center">工况 1（$\theta=12°$、$J=0.406$、$\sigma_V=7.27$）</td></tr>
<tr><td colspan="2" align="center">K_T:0.163 8</td><td align="center">$10K_Q$:0.194 4</td><td align="center">η:54.45%</td></tr>
<tr><td rowspan="4">计算结果</td><td>$\theta/(°)$</td><td>主桨叶空泡形态</td><td>桨叶空泡形态</td><td>空泡面积比</td></tr>
<tr><td>0</td><td></td><td></td><td>26.7%</td></tr>
<tr><td>20</td><td></td><td></td><td>23.8%</td></tr>
<tr><td>310</td><td></td><td></td><td>27.7%</td></tr>
</table>

空泡脉动压力叶频幅值

测点	1 阶/Pa	2 阶/Pa	3 阶/Pa	测点	1 阶/Pa	2 阶/Pa	3 阶/Pa
P01	662.6	91.7	27.2	P08	640.3	18.6	32.2
P02	646.1	102.2	26.1	P09	621.3	8.1	33.5
P03	350.4	51.9	28.8	P10	386.6	44.0	29.6
P04	545.0	58.5	29.5	P11	498.7	43.1	29.9
P05	704.2	70.2	31.1	P12	481.3	47.2	29.5
P06	685.7	74.4	33.4	P13	342.4	62.0	30.3
P07	494.4	35.6	30.5	P14	518.0	69.6	28.6

续表 2.17

工况 2（$\theta=7°$、$J=0.406$、$\sigma_V=7.27$）		
K_T:0.162 4	$10K_Q$:0.192 1	η:54.65%

	$\theta/(°)$	主桨叶空泡形态	桨叶空泡形态	空泡面积比
计算结果	0			21.1%
	20			20.3%
	310			24.1%

2.18 中国船舶集团第七〇四研究所计算结果

中国船舶集团第七〇四研究所计算结果见表2.18。

表2.18 中国船舶集团第七〇四研究所计算结果

单位名称	中国船舶集团第七〇四研究所		
求解器	☑ 商软 CFD	☐ 开源 CFD	☐ 自研 CFD
计算域	☑ 滑移网格	☐ 重叠网格	☐ 多参考系
	上游距离:5D	下游距离:10D	侧面距离:5D
计算网格	☐ 结构网格		☑ 非结构网格
	☐ 有局部加密		☑ 无局部加密
	体网格类型: ☐ 四面体 ☐ 六面体 ☐ 多面体 ☑ 混合		
	面网格类型: ☑ 三角形 ☐ 四边形 ☐ 多边形 ☐ 混合		
	边界层网格类型: ☑ 棱柱形 ☐ 六面体 ☐ 多面体 ☐ 无		
	边界层网格层数:12		边界层网格增长比例:1.1
	网格总数:1 160 万		
	$0.7R$ 处 y^+:10	桨叶表面平均 y^+:12	单桨叶面网格:10 万
数值方法	☐ 可压缩		☑ 不可压缩
	☑ 有限体积法	☐ 有限元法	☐ 其他
	动量方程离散:☐ 一阶迎风 ☑ 二阶迎风 ☐ 二阶中心 ☐ 高阶中心		
	压力-速度求解:☑ SIMPLE 算法 ☐ PISO 算法 ☐ 其他		
	☐ 准定常		☑ 非定常
	时间项离散		☐ 显示 ☑ 隐式
			☑ 一阶 ☐ 二阶
	时间步长 $\Delta\theta/(°)$:1		时间步长 $\Delta t/s$:8.05×10^{-5}
湍流模型	湍流模型:SST κ-ω 模型		
	湍流对流项离散:☐ 一阶迎风 ☑ 二阶迎风 ☐ 二阶中心 ☐ 高阶中心		
	☐ 考虑转捩		☑ 不考虑转捩
空泡模型	空泡模型:Schnerr-Sauer 模型		
边界条件	斜流模拟方法: ☑ 倾斜桨轴 ☐ 偏置来流		
	桨叶:无滑移	桨毂:无滑移	入口:3.5 m/s 出口:压力出口

续表 2.18

<table>
<tr><td colspan="4" align="center">工况 1 ($\theta=12°$、$J=0.406$、$\sigma_V=7.27$)</td></tr>
<tr><td colspan="2" align="center">K_T:0.164 6</td><td align="center">$10K_Q$:0.202 5</td><td align="center">η:52.52%</td></tr>
</table>

	$\theta/(°)$	主桨叶空泡形态	桨叶空泡形态	空泡面积比
计算结果	0			24.5%
	20			22.1%
	310			26.0%

空泡脉动压力叶频幅值

测点	1 阶/Pa	2 阶/Pa	3 阶/Pa	测点	1 阶/Pa	2 阶/Pa	3 阶/Pa
P01	255	12	—	P08	253	8	—
P02	288	19	—	P09	285	16	—
P03	317	29	—	P10	312	26	—
P04	153	0	—	P11	190	8	—
P05	256	9	—	P12	282	18	—
P06	288	16	—	P13	208	15	—
P07	316	26	—	P14	190	12	—

续表 2.18

工况 2（$\theta=7°$、$J=0.406$、$\sigma_V=7.27$）			
K_T:0.162 4		$10K_Q$:0.200 1	η:52.44%
	$\theta/(°)$	主桨叶空泡形态	桨叶空泡形态	空泡面积比
计算结果	0			19.3%
	20			17.9%
	310			19.9%

2.19　中国科学院力学研究所计算结果

中国科学院力学研究所计算结果见表2.19。

表2.19　中国科学院力学研究所计算结果

单位名称	中国科学院力学研究所			
求解器	☑ 商软 CFD	□ 开源 CFD		□ 自研 CFD
计算域	☑ 滑移网格	□ 重叠网格		□ 多参考系
	上游距离:3D	下游距离:6D		侧面距离:3D
计算网格	□ 结构网格			☑ 非结构网格
	☑ 有局部加密			□ 无局部加密
	体网格类型: □ 四面体　□ 六面体　□ 多面体　☑ 混合			
	面网格类型: □ 三角形　□ 四边形　□ 多边形　☑ 混合			
	边界层网格类型:　☑ 棱柱形　□ 六面体　□ 多面体　□ 无			
	边界层网格层数:6			边界层网格增长比例:1.2
	网格总数:764 万			
	0.7R 处 y^+:230	桨叶表面平均 y^+:160		单桨叶面网格:2.2 万
数值方法	□ 可压缩			☑ 不可压缩
	☑ 有限体积法	□ 有限元法		□ 其他
	动量方程离散:□ 一阶迎风　☑ 二阶迎风　□ 二阶中心　□ 高阶中心			
	压力-速度求解:☑ SIMPLE 算法　□ PISO 算法　□ 其他			
	□ 准定常			☑ 非定常
	时间项离散			□ 显示　☑ 隐式
				☑ 一阶　□ 二阶
	时间步长 $\Delta\theta/(°)$:1			时间步长 $\Delta t/s$:8.05×10^{-5}
湍流模型	湍流模型:SST κ-ω 模型			
	湍流对流项离散:□ 一阶迎风　☑ 二阶迎风　□ 二阶中心　□ 高阶中心			
	□ 考虑转捩			☑ 不考虑转捩
空泡模型	空泡模型:Schnerr-Sauer 模型			
边界条件	斜流模拟方法:　☑ 倾斜桨轴　□ 偏置来流			
	桨叶:无滑移	桨毂:无滑移	入口:3.5 m/s	出口:压力出口

续表 2.19

<table>
<tr><td colspan="4" align="center">工况 1（$\theta=12°$、$J=0.406$、$\sigma_V=7.27$）</td></tr>
<tr><td colspan="2" align="center">K_T:0.165 7</td><td align="center">$10K_Q$:0.205 2</td><td align="center">η:52.17%</td></tr>
<tr><td></td><td>$\theta/(°)$</td><td>主桨叶空泡形态</td><td>桨叶空泡形态</td><td>空泡面积比</td></tr>
<tr><td rowspan="3">计算结果</td><td>0</td><td></td><td></td><td>23.3%</td></tr>
<tr><td>20</td><td></td><td></td><td>20.9%</td></tr>
<tr><td>310</td><td></td><td></td><td>25.0%</td></tr>
</table>

空泡脉动压力叶频幅值

测点	1 阶/Pa	2 阶/Pa	3 阶/Pa	测点	1 阶/Pa	2 阶/Pa	3 阶/Pa
P01	158.3	9.5	0.9	P08	161.5	8.2	0.5
P02	207.0	17.4	1.6	P09	211.1	14.9	0.5
P03	190.0	21.4	2.3	P10	194.0	17.8	1.0
P04	102.7	7.1	0.7	P11	144.9	2.5	0.9
P05	167.5	11.9	0.7	P12	183.4	7.6	1.3
P06	222.1	20.5	1.2	P13	168.4	9.9	1.7
P07	204.2	24.4	2.0	P14	141.4	5.5	0.9

续表 2.19

工况 2 ($\theta=7°$、$J=0.406$、$\sigma_V=7.27$)		
K_T:0.163 6	$10K_Q$:0.203 1	η:52.05%

	$\theta/(°)$	主桨叶空泡形态	桨叶空泡形态	空泡面积比
计算结果	0			18.4%
	20			17.2%
	310			18.6%

2.20 广船国际股份有限公司计算结果

广船国际股份有限公司计算结果见表 2.20。

表 2.20 广船国际股份有限公司计算结果

单位名称	广船国际股份有限公司			
求解器	☑ 商软 CFD	☐ 开源 CFD		☐ 自研 CFD
计算域	☑ 滑移网格	☐ 重叠网格		☐ 多参考系
	上游距离:7D	下游距离:9D		侧面距离:5D
计算网格	☐ 结构网格		☑ 非结构网格	
	☑ 有局部加密		☐ 无局部加密	
	体网格类型: ☐ 四面体 ☐ 六面体 ☐ 多面体 ☑ 混合			
	面网格类型: ☐ 三角形 ☐ 四边形 ☐ 多边形 ☑ 混合			
	边界层网格类型: ☑ 棱柱形 ☐ 六面体 ☐ 多面体 ☐ 无			
	边界层网格层数:9		边界层网格增长比例:1.3	
	网格总数:260 万			
	0.7R 处 y^+:60	桨叶表面平均 y^+:45		单桨叶面网格:3.8 万
数值方法	☐ 可压缩		☑ 不可压缩	
	☑ 有限体积法	☐ 有限元法		☐ 其他
	动量方程离散:☐ 一阶迎风 ☑ 二阶迎风 ☐ 二阶中心 ☐ 高阶中心			
	压力-速度求解:☑ SIMPLE 算法 ☐ PISO 算法 ☐ 其他			
	☐ 准定常		☑ 非定常	
	时间项离散		☐ 显示 ☑ 隐式	
			☐ 一阶 ☑ 二阶	
	时间步长 $\Delta\theta/(°)$:1		时间步长 $\Delta t/s$:8.05×10^{-5}	
湍流模型	湍流模型:SST κ-ω 模型			
	湍流对流项离散:☐ 一阶迎风 ☑ 二阶迎风 ☐ 二阶中心 ☐ 高阶中心			
	☐ 考虑转捩		☑ 不考虑转捩	
空泡模型	空泡模型:Schnerr-Sauer 模型			
边界条件	斜流模拟方法: ☑ 倾斜桨轴 ☐ 偏置来流			
	桨叶:无滑移	桨毂:无滑移	入口:3.5 m/s	出口:压力出口

续表 2.20

<table>
<tr><td colspan="4" align="center">工况 1（$\theta=12°$、$J=0.406$、$\sigma_V=7.27$）</td></tr>
<tr><td colspan="2" align="center">K_T:0.165 5</td><td align="center">$10K_Q$:0.200 7</td><td align="center">η:53.28%</td></tr>
</table>

	$\theta/(°)$	主桨叶空泡形态	桨叶空泡形态	空泡面积比
计算结果	0			26.6%
	20			24.1%
	310			28.3%

空泡脉动压力叶频幅值

测点	1 阶/Pa	2 阶/Pa	3 阶/Pa	测点	1 阶/Pa	2 阶/Pa	3 阶/Pa
P01	467.20	25.21	17.66	P08	427.29	11.50	16.76
P02	599.43	43.46	16.95	P09	621.01	31.27	16.64
P03	562.05	49.72	16.75	P10	580.22	38.24	16.61
P04	306.60	18.10	12.25	P11	416.78	14.87	15.82
P05	505.19	19.76	17.40	P12	518.36	28.72	16.02
P06	651.02	39.52	17.03	P13	482.18	32.92	16.29
P07	610.18	46.64	16.79	P14	371.38	25.06	15.38

续表 2.20

工况 2（$\theta=7°$、$J=0.406$、$\sigma_V=7.27$）		
K_T:0.160 9	$10K_Q$:0.197 3	η:52.7%

	$\theta/(°)$	主桨叶空泡形态	桨叶空泡形态	空泡面积比
计算结果	0			22.2%
	20			20.8%
	310			22.5%

2.21 江南造船(集团)有限责任公司计算结果

江南造船(集团)有限责任公司计算结果见表2.21。

表2.21 江南造船(集团)有限责任公司计算结果

单位名称	江南造船(集团)有限责任公司		
求解器	☑ 商软 CFD	☐ 开源 CFD	☐ 自研 CFD
计算域	☑ 滑移网格	☐ 重叠网格	☐ 多参考系
	上游距离:2.8D	下游距离:10D	侧面距离:1.6D
计算网格	☐ 结构网格		☑ 非结构网格
	☑ 有局部加密		☐ 无局部加密
	体网格类型: ☐ 四面体 ☐ 六面体 ☑ 多面体 ☐ 混合		
	面网格类型: ☐ 三角形 ☐ 四边形 ☑ 多边形 ☐ 混合		
	边界层网格类型: ☐ 棱柱形 ☐ 六面体 ☑ 多面体 ☐ 无		
	边界层网格层数:5		边界层网格增长比例:1.3
	网格总数:655万		
	0.7R 处 y^+:95	桨叶表面平均 y^+:80	单桨叶面网格:3.1万
数值方法	☐ 可压缩		☑ 不可压缩
	☑ 有限体积法	☐ 有限元法	☐ 其他
	动量方程离散:☐ 一阶迎风 ☑ 二阶迎风 ☐ 二阶中心 ☐ 高阶中心		
	压力-速度求解:☑ SIMPLE算法 ☐ PISO算法 ☐ 其他		
	☐ 准定常		☑ 非定常
	时间项离散	☐ 显示 ☑ 隐式	
		☐ 一阶 ☑ 二阶	
	时间步长 $\Delta\theta/(°)$:1	时间步长 $\Delta t/\mathrm{s}$:8.05×10^{-5}	
湍流模型	湍流模型:SST κ-ω 模型		
	湍流对流项离散:☐ 一阶迎风 ☑ 二阶迎风 ☐ 二阶中心 ☐ 高阶中心		
	☐ 考虑转捩		☑ 不考虑转捩
空泡模型	空泡模型:Schnerr-Sauer 模型		
边界条件	斜流模拟方法: ☑ 倾斜桨轴 ☐ 偏置来流		
	桨叶:无滑移	桨毂:无滑移	入口:3.5 m/s	出口:压力出口

续表 2.21

工况 1（$\theta=12°$、$J=0.406$、$\sigma_V=7.27$）			
K_T:0.164 1		$10K_Q$:0.202 6	η:52.35%

	$\theta/(°)$	主桨叶空泡形态	桨叶空泡形态	空泡面积比
计算结果	0			25.7%
	20			23.29%
	310			28.07%

空泡脉动压力叶频幅值

测点	1 阶/Pa	2 阶/Pa	3 阶/Pa	测点	1 阶/Pa	2 阶/Pa	3 阶/Pa
P01	404.7	6.8	24.4	P08	499.6	30.5	22.6
P02	547.2	27.3	26.1	P09	643.3	51.3	22.0
P03	517.8	37.3	27.6	P10	611.7	61.8	22.6
P04	272.7	14.3	23.1	P11	467.1	22.7	24.3
P05	473.6	23.3	22.5	P12	575.6	36.5	25.4
P06	631.6	44.8	21.4	P13	545.9	43.3	26.8
P07	600.9	58.8	20.2	P14	446.3	13.2	24.8

续表 2.21

	工况 2（$\theta=7°$、$J=0.406$、$\sigma_V=7.27$）		
	K_T:0.164 0	$10K_Q$:0.202 0	η:52.45%
	$\theta/(°)$	主桨叶空泡形态	桨叶空泡形态	空泡面积比
计算结果	0			22.77%
	20			21.30%
	310			23.24%

2.22 昊野科技有限公司计算结果

昊野科技有限公司计算结果见表2.22。

表 2.22 昊野科技有限公司计算结果

单位名称	昊野科技有限公司			
求解器	☑ 商软 CFD	☐ 开源 CFD		☐ 自研 CFD
计算域	☑ 滑移网格	☐ 重叠网格		☐ 多参考系
	上游距离:5D	下游距离:12D		侧面距离:3.6D
计算网格	☐ 结构网格			☑ 非结构网格
	☑ 有局部加密			☐ 无局部加密
	体网格类型: ☐ 四面体 ☐ 六面体 ☐ 多面体 ☑ 混合			
	面网格类型: ☐ 三角形 ☐ 四边形 ☐ 多边形 ☑ 混合			
	边界层网格类型: ☑ 棱柱形 ☐ 六面体 ☐ 多面体 ☐ 无			
	边界层网格层数:10		边界层网格增长比例:1.5	
	网格总数:814 万			
	0.7R 处 y^+:3.6	桨叶表面平均 y^+:1.8		单桨叶面网格:5.3 万
数值方法	☐ 可压缩			☑ 不可压缩
	☑ 有限体积法	☐ 有限元法		☐ 其他
	动量方程离散:☐ 一阶迎风 ☑ 二阶迎风 ☐ 二阶中心 ☐ 高阶中心			
	压力-速度求解:☑ SIMPLE 算法 ☐ PISO 算法 ☐ 其他			
	☐ 准定常			☑ 非定常
	时间项离散			☐ 显示 ☑ 隐式
				☐ 一阶 ☑ 二阶
	时间步长 $\Delta\theta/(°)$:1		时间步长 $\Delta t/s$:8.05×10^{-5}	
湍流模型	湍流模型:SST $\kappa-\omega$ 模型			
	湍流对流项离散:☐ 一阶迎风 ☑ 二阶迎风 ☐ 二阶中心 ☐ 高阶中心			
	☐ 考虑转捩			☑ 不考虑转捩
空泡模型	空泡模型:Schnerr-Sauer 模型			
边界条件	斜流模拟方法: ☑ 倾斜桨轴 ☐ 偏置来流			
	桨叶:无滑移	桨毂:无滑移	入口:3.5 m/s	出口:压力出口

续表 2.22

工况 1（$\theta=12°$、$J=0.406$、$\sigma_V=7.27$）			
K_T:0.164 9		$10K_Q$:0.201 9	η:52.77%

	$\theta/(°)$	主桨叶空泡形态	桨叶空泡形态	空泡面积比
计算结果	0			25.7%
	20			22.9%
	310			29.5%

空泡脉动压力叶频幅值

测点	1 阶/Pa	2 阶/Pa	3 阶/Pa	测点	1 阶/Pa	2 阶/Pa	3 阶/Pa
P01	325.5	27.3	16.6	P08	389.5	25.9	18.2
P02	388.4	38.9	14.0	P09	220.0	24.4	16.4
P03	285.0	36.7	16.4	P10	339.8	16.6	16.5
P04	352.3	45.3	16.6	P11	430.0	4.9	16.5
P05	334.2	49.3	16.8	P12	410.0	8.5	16.2
P06	284.9	39.9	16.6	P13	324.3	27.6	16.0
P07	408.2	27.6	17.4	P14	408.0	33.4	15.0

续表 2.22

工况 2（$\theta=7°$、$J=0.406$、$\sigma_V=7.27$）		
K_T:0.166 6	$10K_Q$:0.200 2	η:53.77%

	$\theta/(°)$	主桨叶空泡形态	桨叶空泡形态	空泡面积比
计算结果	0			22.1%
	20			20.3%
	310			24.6%

2.23 上海倍豪船舶科技有限公司计算结果

上海倍豪船舶科技有限公司计算结果见表2.23。

表2.23 上海倍豪船舶科技有限公司计算结果

单位名称	上海倍豪船舶科技有限公司		
求解器	☑ 商软CFD	☐ 开源CFD	☐ 自研CFD
计算域	☑ 滑移网格	☐ 重叠网格	☐ 多参考系
	上游距离:5D	下游距离:8D	侧面距离:3D
计算网格	☐ 结构网格		☑ 非结构网格
	☑ 有局部加密		☐ 无局部加密
	体网格类型: ☐ 四面体 ☑ 六面体 ☐ 多面体 ☐ 混合		
	面网格类型: ☐ 三角形 ☑ 四边形 ☐ 多边形 ☐ 混合		
	边界层网格类型: ☐ 棱柱形 ☑ 六面体 ☐ 多面体 ☐ 无		
	边界层网格层数:5	边界层网格增长比例:1.2	
	网格总数:1 500万		
	0.7R处y^+:10	桨叶表面平均y^+:9.3	单桨叶面网格:19万
数值方法	☐ 可压缩		☑ 不可压缩
	☑ 有限体积法	☐ 有限元法	☐ 其他
	动量方程离散:☐ 一阶迎风 ☑ 二阶迎风 ☐ 二阶中心 ☐ 高阶中心		
	压力-速度求解:☑ SIMPLE算法 ☐ PISO算法 ☐ 其他		
	☐ 准定常		☑ 非定常
	时间项离散	☐ 显示 ☑ 隐式	
		☑ 一阶 ☐ 二阶	
	时间步长 $\Delta\theta/(°)$:1	时间步长 $\Delta t/s$:8.05×10^{-5}	
湍流模型	湍流模型:SST κ-ω 模型		
	湍流对流项离散:☐ 一阶迎风 ☑ 二阶迎风 ☐ 二阶中心 ☐ 高阶中心		
	☐ 考虑转捩		☑ 不考虑转捩
空泡模型	空泡模型:Schnerr-Sauer模型		
边界条件	斜流模拟方法: ☑ 倾斜桨轴 ☐ 偏置来流		
	桨叶:无滑移	桨毂:无滑移	入口:3.5 m/s	出口:压力出口

续表 2.23

工况 1 ($\theta=12°$、$J=0.406$、$\sigma_V=7.27$)		
K_T:0.169 0	$10K_Q$:0.203 1	η:53.78%

	$\theta/(°)$	主桨叶空泡形态	桨叶空泡形态	空泡面积比
计算结果	0			25.9%
	20			22.9%
	310			29.4%

空泡脉动压力叶频幅值

测点	1 阶/Pa	2 阶/Pa	3 阶/Pa	测点	1 阶/Pa	2 阶/Pa	3 阶/Pa
P01	—	—	—	P08	—	—	—
P02	—	—	—	P09			
P03				P10			
P04				P11			
P05				P12			
P06	512	48	23	P13			
P07	—	—	—	P14			

续表 2.23

工况 2 ($\theta=7°$、$J=0.406$、$\sigma_V=7.27$)			
K_T:0.169 1		$10K_Q$:0.202 9	η:53.85%
	$\theta/(°)$	主桨叶空泡形态	桨叶空泡形态	空泡面积比
计算结果	0			21.1%
	20			19.6%
	310			22.4%

第 3 章　计算结果统计分析

针对 23 家单位提交的 23 份斜流螺旋桨标模空泡计算结果,从求解器、计算域、计算网格、数值方法、湍流模型、空泡模型和计算结果(空泡形态、空泡水动力、空泡面积、空泡脉动压力)等几个方面进行统计分析。

1. 求解器

表 3.1 和图 3.1 给出了求解器使用开源软件与商用软件情况。由图表可知,23 份计算结果中,有 2 家使用了开源软件 OpenFOAM,占比为 8.7%,其余 21 家使用了商用软件,占比为 91.3%。

表 3.1　求解器使用开源软件与商用软件情况

序号	软件	单位
1	OpenFOAM	哈工程
2		702 所
3	商用软件	江科大
4		海工
5		汉江
6		浙大
7		武大
8		704 所
9		南理工
10		山东科大
11		上海海事
12		武汉理工
13		西工大
14		中大
15		太湖
16		上船院
17		船研所
18		701 所
19		力学所
20		广船国际
21		江南厂
22		昊野
23		倍豪

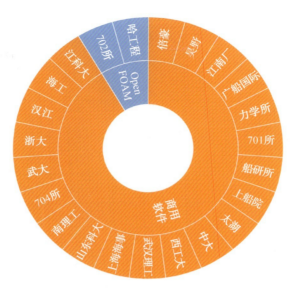

图 3.1　开源软件与商用软件使用情况

2. 计算域

表 3.2 给出了计算区域大小统计情况,图 3.2～3.4 给出了上游、下游和侧面三个方向的计算区域尺寸,由图表可知,计算域尺寸离散度较大,其中侧面距离为 1.6D 是因为试验工作段半径为 400 mm。表 3.3 为旋转处理方法,所有 23 家单位均使用了滑移网格,占比为 100%。

表 3.2　计算区域大小统计情况

序号	单位	上游距离 D	下游距离 D	侧面距离 D
1	哈工程	5	12	1.6
2	海工	3	7	2.5
3	江科大	3	7	3
4	南理工	3	6	3
5	山东科大	5	17	1.6
6	上海海事	5	15	5
7	武大	6	9.3	3.2
8	武汉理工	4	8.8	1.6
9	西工大	6.4	6.4	1.6
10	浙大	5	12	1.6
11	中大	1.2	6.8	2.5
12	汉江	6	6.8	1.48
13	太湖	4	8	4
14	上船院	5	10	2.5
15	船研所	20	40	20
16	701 所	5	10	5

续表3.2

序号	单位	上游距离 D	下游距离 D	侧面距离 D
17	702 所	5	15	1.6
18	704 所	5	10	5
19	力学所	3	6	3
20	广船国际	7	9	5
21	江南厂	2.8	10	1.6
22	昊野	5	12	3.6
23	倍豪	5	8	3

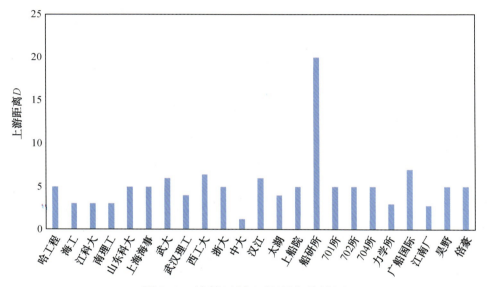

图 3.2　计算区域上游距离统计图

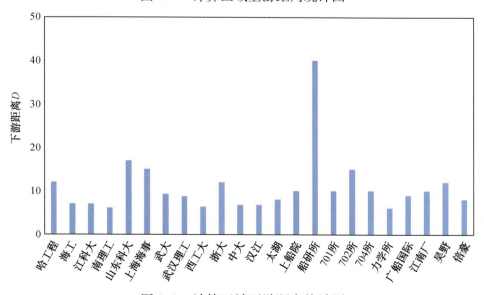

图 3.3　计算区域下游距离统计图

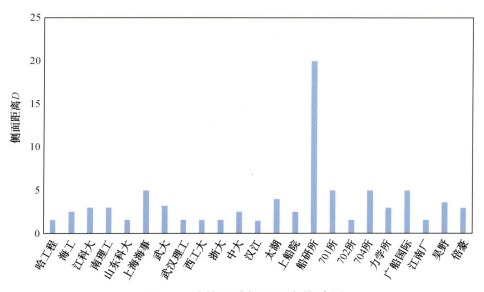

图 3.4　计算区域侧面距离统计图

表 3.3　旋转处理方法

序号	旋转处理方法	单位
1	滑移网格	哈工程
2		海工
3		江科大
4		南理工
5		山东科大
6		上海海事
7		武大
8		武汉理工
9		西工大
10		浙大
11		中大
12		汉江
13		太湖
14		上船院
15		船研所
16		701 所
17		702 所
18		704 所
19		力学所
20		广船国际
21		江南厂
22		昊野
23		倍豪

3. 计算网格

表 3.4 及图 3.5~3.9 为网格类型统计情况,包括体网格类型、面网格类型、边界层网格类型和是否局部加密等,有 2 家使用结构化网格,占比为 8.7%,有 21 家使用非结构化网格,占比为 91.3%;22 家采用了网格局部加密,占比为 95.7%,仅 1 家没有采用网格局部加密,占比为 4.3%。体网格类型中,有 1 家使用四面体网格,占比为 4.3%,有 11 家使用六面体网格,占比为 69.7%,有 4 家使用多面体网格,占比为 17.4%,有 7 家使用混合体网格,占比为 30.4%。

表 3.4 网格类型

序号	单位	结构类型	体网格	面网格	边界层网格	局部加密
1	哈工程	非结构	混合	混合	多面体	是
2	海工	结构	六面体	四边形	六面体	是
3	江科大	非结构	六面体	四边形	六面体	是
4	南理工	非结构	六面体	四边形	六面体	是
5	山东科大	非结构	混合	混合	棱柱形	是
6	上海海事	非结构	六面体	四边形	六面体	是
7	武大	非结构	混合	多边形	多面体	是
8	武汉理工	非结构	多面体	多面体	多面体	是
9	西工大	结构	六面体	四边形	六面体	是
10	浙大	非结构	多面体	三角形	棱柱形	是
11	中大	非结构	六面体	四边形	六面体	是
12	汉江	非结构	四面体	三角形	棱柱形	是
13	太湖	非结构	六面体	混合	棱柱形	是
14	上船院	非结构	六面体	四边形	六面体	是
15	船研所	非结构	六面体	四边形	六面体	是
16	701 所	非结构	六面体	四边形	六面体	是
17	702 所	非结构	多面体	多边形	多面体	是
18	704 所	非结构	混合	三角形	棱柱形	否
19	力学所	非结构	混合	混合	棱柱形	是
20	广船国际	非结构	混合	混合	棱柱形	是
21	江南厂	非结构	多面体	多边形	多面体	是
22	昊野	非结构	混合	混合	棱柱形	是
23	倍豪	非结构	六面体	四边形	六面体	是

图 3.5 结构化/非结构化网格统计

图 3.6 体网格类型统计

图 3.7 面网格类型统计

图 3.8 边界层网格类型统计

图 3.9 网格局部加密使用情况统计

表 3.5、图 3.10 和图 3.11 给出了边界层参数设置情况，有 23 家使用了边界层，占比为 100%。边界层网格层数在 4~24 之间，边界层网格增长比例在 1.01~1.5 之间。

表 3.5 边界层设置

序号	单位	边界层	边界层数	增长比例
1	哈工程	有	5	1.2
2	海工	有	24	1.15
3	江科大	有	19	1.2
4	南理工	有	6	1.2
5	山东科大	有	21	1.05
6	上海海事	有	5	1.1
7	武大	有	11	1.2
8	武汉理工	有	12	1.3
9	西工大	有	16	1.2
10	浙大	有	19	1.2
11	中大	有	20	1.3
12	汉江	有	5	1.2
13	太湖	有	5	1.1
14	上船院	有	8	1.3
15	船研所	有	8	1.3
16	701 所	有	20	1.12

续表3.5

序号	单位	边界层	边界层数	增长比例
17	702所	有	4	1.01
18	704所		12	1.1
19	力学所		6	1.2
20	广船国际		9	1.3
21	江南厂		5	1.3
22	昊野		10	1.5
23	倍豪		5	1.2

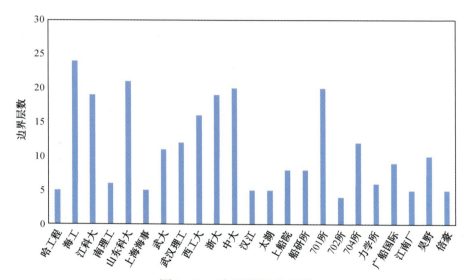

图 3.10 边界层网格层数

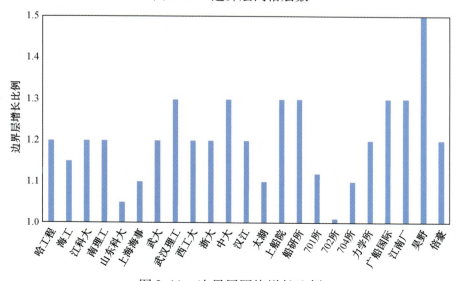

图 3.11 边界层网格增长比例

表3.6和图3.12~3.13给出了计算网格数对比,计算体网格总数在268万~4153万之间,桨叶壁面$y+$平均值的范围在0.5~160之间,如图3.14所示。

表3.6 计算网格数及桨叶壁面 y^+

序号	单位	网格数/万	单桨叶面网格数/万	桨叶 y^+（平均）
1	哈工程	606	2.56	50
2	海工	488	0.7	2.8
3	江科大	730	52	50.5
4	南理工	368	52	64.5
5	山东科大	1 062	6.1	0.95
6	上海海事	268	4.55	66
7	武大	918	9.4	6.9
8	武汉理工	1 490	5.9	2.3
9	西工大	1 450	10.8	1
10	浙大	1 150	3.5	3
11	中大	4 153	4.2	27.4
12	汉江	528	1.4	8
13	太湖	275	0.9	118
14	上船院	979	9.2	3
15	船研所	640	8	25
16	701所	600	3.1	0.5
17	702所	518	5.4	24
18	704所	1 160	10	12
19	力学所	764	2.2	160
20	广船国际	260	3.8	45
21	江南厂	655	3.1	80
22	昊野	814	5.3	1.8
23	倍豪	1 500	19	9.3

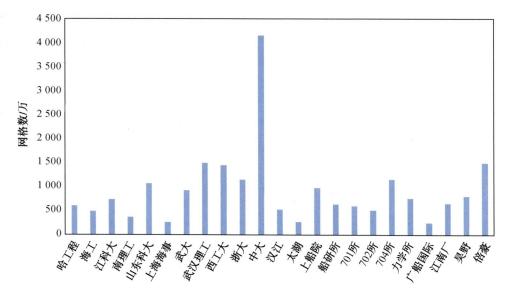

图 3.12 计算域体网格数

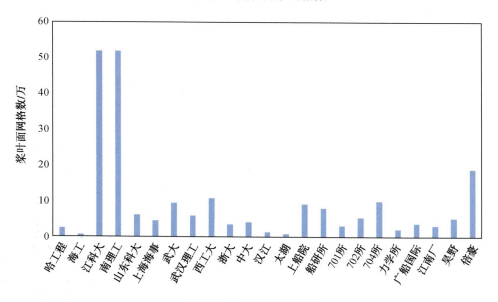

图 3.13 单桨叶面网格数

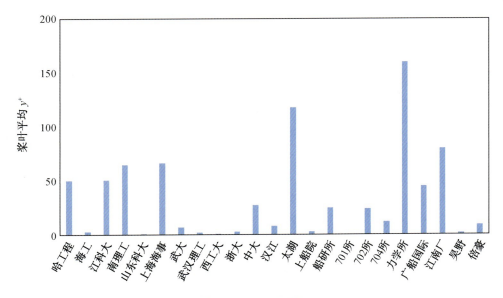

图 3.14 桨叶壁面 $y+$

4. 数值方法

表 3.7 和图 3.15～3.18 为基本的数值求解方法统计,压力/速度耦合算法共有 3 种,其中有 1 家使用 PIMPLE 算法,占比为 4.3%,有 1 家使用 Coupled 算法,占比为 4.3%,其余 21 家使用 SIMPLE 算法,占比为 91.4%。关于时间离散格式,有 7 家使用一阶精度离散格式,占比为 30.4%,其余 15 家使用二阶精度离散格式,占比为 69.6%。关于斜流模拟方法,有 3 家使用了偏置来流的方法,占比为 13.0%,其余 20 家使用了倾斜桨轴的方法,占比为 87.0%。时间步长最小的为 0.25°,最大的为 4°,时间步长为 1°的较多,有 13 家,占比为 56.5%。

表 3.7 数值方法统计

序号	单位	压力-速度耦合算法	时间离散格式精度	时间步长/(°)	斜流模拟方法
1	哈工程	PIMPLE	二阶	0.2	倾斜桨轴
2	海工	SIMPLE	二阶	4	偏置来流
3	江科大	SIMPLE	二阶	1.24	偏置来流
4	南理工	SIMPLE	一阶	2	倾斜桨轴
5	山东科大	SIMPLE	二阶	0.25	倾斜桨轴
6	上海海事	SIMPLE	一阶	2	倾斜桨轴
7	武大	SIMPLE	二阶	0.5	倾斜桨轴

续表3.7

序号	单位	压力-速度耦合算法	时间离散格式精度	时间步长/(°)	斜流模拟方法
8	武汉理工	SIMPLE	二阶	1	倾斜桨轴
9	西工大	SIMPLE	二阶	1	倾斜桨轴
10	浙大	SIMPLE	一阶	0.5	倾斜桨轴
11	中大	SIMPLE	二阶	1	倾斜桨轴
12	汉江	Coupled	二阶	1	倾斜桨轴
13	太湖	SIMPLE	二阶	1	倾斜桨轴
14	上船院	SIMPLE	二阶	0.25	倾斜桨轴
15	船研所	SIMPLE	一阶	2	倾斜桨轴
16	701所	SIMPLE	一阶	1	倾斜桨轴
17	702所	SIMPLE	二阶	1	倾斜桨轴
18	704所	SIMPLE	一阶	1	偏置来流
19	力学所	SIMPLE	一阶	1	倾斜桨轴
20	广船国际	SIMPLE	二阶	1	倾斜桨轴
21	江南厂	SIMPLE	二阶	1	倾斜桨轴
22	昊野	SIMPLE	二阶	1	倾斜桨轴
23	倍豪	SIMPLE	一阶	1	倾斜桨轴

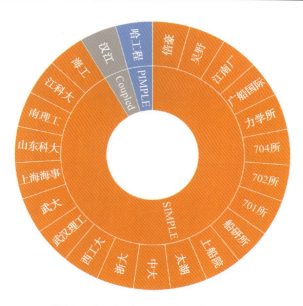

图3.15 压力速度耦合算法统计

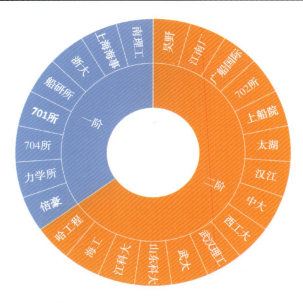

图 3.16 时间离散格式精度统计

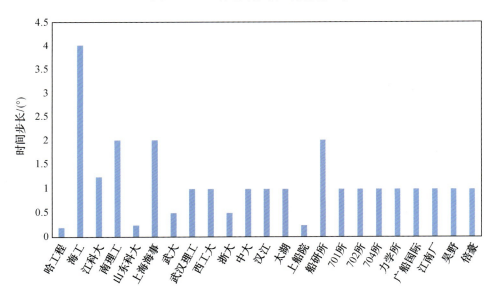

图 3.17 时间步长统计

图 3.18　斜流模拟方法统计

5. 湍流模型

表 3.8 和图 3.19~3.20 给出了湍流模型使用情况，其中使用 DES 方法的有 4 家，占比为 17.4%；使用 RANS 方法的有 19 家，占比为 82.6%。在使用 RANS 方法的中，仅 1 家使用 Realizable $\kappa\text{-}\varepsilon$ 湍流模型，占比为 5.3%，其余 18 家均使用 SST $\kappa\text{-}\omega$ 湍流模型，占比为 94.7%。22 家未考虑湍流转捩，占比为 95.7%，仅 1 家考虑了湍流转捩，占比为 4.3%。

表 3.8　湍流模型统计

序号	单位	方法	模型	考虑转捩
1	哈工程	RANS	SST $\kappa\text{-}\omega$	否
2	海工	RANS	SST $\kappa\text{-}\omega$	是
3	江科大	RANS	SST $\kappa\text{-}\omega$	否
4	南理工	RANS	SST $\kappa\text{-}\omega$	否
5	山东科大	DES	SST $\kappa\text{-}\omega$	否
6	上海海事	RANS	SST $\kappa\text{-}\omega$	否
7	武大	DES	SST $\kappa\text{-}\omega$	否
8	武汉理工	RANS	SST $\kappa\text{-}\omega$	否
9	西工大	DES	SST $\kappa\text{-}\omega$	否
10	浙大	RANS	SST $\kappa\text{-}\omega$	否
11	中大	DES	SST $\kappa\text{-}\omega$	否
12	汉江	RANS	SST $\kappa\text{-}\omega$	否
13	太湖	RANS	SST $\kappa\text{-}\omega$	否
14	上船院	RANS	SST $\kappa\text{-}\omega$	否
15	船研所	RANS	SST $\kappa\text{-}\omega$	否
16	701 所	RANS	Realizable $\kappa\text{-}\varepsilon$	否

续表3.8

序号	单位	方法	模型	考虑转捩
17	702 所	RANS	SST κ-ω	否
18	704 所	RANS	SST κ-ω	否
19	力学所	RANS	SST κ-ω	否
20	广船国际	RANS	SST κ-ω	否
21	江南厂	RANS	SST κ-ω	否
22	昊野	RANS	SST κ-ω	否
23	倍豪	RANS	SST κ-ω	否

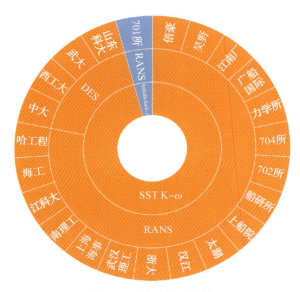

图 3.19 湍流模型统计

图 3.20 湍流转捩使用情况统计

6. 空泡模型

表 3.9 和图 3.21 为各单位使用的空泡模型统计结果,23 家共使用了 4 种空泡模型,分别为 Schnerr-Sauer、Rayleigh Plesset、ZGB 和 Kunz 空泡模型,其中有 18 家使用了 Schnerr-Sauer 空泡模型,占比为 78.3%;有 2 家使用 ZGB 空泡模型,占比为 8.7%;有 1 家使用 Rayleigh Plesset 空泡模型,占比为 4.3%;有 1 家使用 Kunz 空泡模型,占比为 4.3%。

表 3.9　空泡模型统计

序号	单位	模型
1	哈工程	Schnerr-Sauer
2	海工	Rayleigh Plesset
3	江科大	Kunz
4	南理工	Schnerr-Sauer
5	山东科大	Schnerr-Sauer
6	上海海事	Schnerr-Sauer
7	武大	Schnerr-Sauer
8	武汉理工	Schnerr-Sauer
9	西工大	Schnerr-Sauer
10	浙大	ZGB
11	中大	Schnerr-Sauer
12	汉江	ZGB
13	太湖	Schnerr-Sauer
14	上船院	Schnerr-Sauer
15	船研所	Schnerr-Sauer
16	701 所	Schnerr-Sauer
17	702 所	Schnerr-Sauer
18	704 所	Schnerr-Sauer
19	力学所	Schnerr-Sauer
20	广船国际	Schnerr-Sauer
21	江南厂	Schnerr-Sauer
22	昊野	Schnerr-Sauer
23	倍豪	Schnerr-Sauer

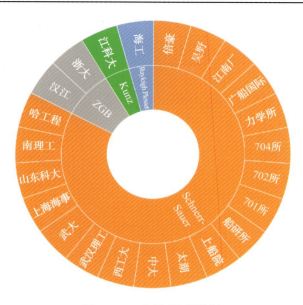

图 3.21 空泡模型统计

7. 计算结果

表 3.10 给出了工况 1 各家空泡水动力计算结果及与试验结果的对比,包括推力系数 K_T、扭矩系数 $10K_Q$ 和最大脉动压力值。表 3.11 给出了工况 1 各家空泡面积计算结果及与试验结果的对比。图 3.22～3.24 分别为工况 1 下推力系数、扭矩系数和最大脉动压力的对比,图 3.25～3.27 为工况 1 三个相位角下空泡面积的对比,图 3.28～3.30 为工况 1 三个相位角下空泡形态的对比。由图表可知,工况 1 下,预报的空泡状态下推力系数相对误差在 -8.74% ～1.78% 之间,大多数均比试验值偏小,总体而言,基本在 5% 以内;预报的空泡状态下扭矩系数相对误差在 -4.62% ～4.76% 之间,在 5% 以内;预报的空泡脉动压力相对误差在 -60.56% ～64.50% 之间,总体而言,基本在 60% 以内。三个相位角下空泡面积比绝对误差整体上在 -6.5% ～8.0% 之间,总体而言,基本在 5% 以内。

表 3.10　工况 1 各家空泡水动力计算结果及与试验结果的对比

($\theta=12°$、$J=0.406$、$\sigma_V=7.27$)

序号	单位	K_T 计算结果	K_T 相对误差	$10K_Q$ 计算结果	$10K_Q$ 相对误差	最大脉动压力/Pa 计算结果	最大脉动压力/Pa 相对误差
1	哈工程	0.1693	0.71%	0.2037	1.09%	708.6	25.84%
2	海工	0.1649	−1.90%	0.2034	0.94%	323.0	−42.64%
3	江科大	0.1638	−2.56%	0.2048	1.64%	574.3	1.99%
4	南理工	0.1630	−3.03%	0.2030	0.74%	281.2	−50.06%
5	山东科大	0.1690	0.54%	0.1990	−1.24%	661.4	17.46%
6	上海海事	0.1534	−8.74%	0.1922	−4.62%	650.9	15.59%
7	武大	0.1603	−4.64%	0.1940	−3.72%	681.8	21.08%
8	武汉理工	0.1586	−5.65%	0.1996	−0.94%	926.3	64.50%
9	西工大	0.1659	−1.31%	0.1990	−1.24%	564.7	0.28%
10	浙大	0.1645	−2.14%	0.1999	−0.79%	690.3	22.59%
11	中大	0.1658	−1.37%	0.2099	4.17%	631.2	12.09%
12	汉江	0.1640	−2.44%	0.2050	1.74%	403.3	−28.38%
13	太湖	0.1653	−1.67%	0.2068	2.63%	583.4	3.61%
14	上船院	0.1647	−2.02%	0.1968	−2.33%	695.6	23.53%
15	船研所	0.1711	1.78%	0.2111	4.76%	657.3	16.73%
16	701 所	0.1628	−3.15%	0.1987	−1.39%	593.8	5.45%
17	702 所	0.1638	−2.56%	0.1944	−3.52%	640.3	13.71%
18	704 所	0.1646	−2.08%	0.2025	0.50%	316.0	−43.88%
19	力学所	0.1657	−1.43%	0.2052	1.84%	222.1	−60.56%
20	广船国际	0.1655	−1.55%	0.2007	−0.40%	651.0	15.61%
21	江南厂	0.1641	−2.38%	0.2026	0.55%	643.3	14.24%
22	昊野	0.1649	−1.90%	0.2019	0.20%	408.2	−27.51%
23	倍豪	0.1690	0.54%	0.2031	0.79%	512.0	−9.07%
24	试验结果	0.1681	—	0.2015	—	563.1	—

表 3.11　工况 1 各家空泡面积计算结果及与试验结果的对比

($\theta=12°$、$J=0.406$、$\sigma_V=7.27$)

序号	单位	0°		20°		310°	
		计算结果	绝对误差	计算结果	绝对误差	计算结果	绝对误差
1	哈工程	27.1%	1.60%	24.4%	0.50%	31.8%	8.00%
2	海工	23.1%	−2.40%	22.9%	−1.00%	21.0%	−2.80%
3	江科大	24.9%	−0.60%	18.4%	−5.50%	25.4%	1.60%
4	南理工	21.1%	−4.40%	19.0%	−4.90%	20.3%	−3.50%
5	山东科大	26.3%	0.80%	23.7%	−0.20%	29.3%	5.50%
6	上海海事	31.0%	5.50%	28.7%	4.80%	30.8%	7.00%
7	武大	25.6%	0.10%	23.0%	−0.90%	28.3%	4.50%
8	武汉理工	25.3%	−0.20%	22.6%	−1.30%	28.2%	4.40%
9	西工大	23.0%	−2.50%	20.6%	−3.30%	23.8%	0.00%
10	浙大	27.7%	2.20%	25.4%	1.50%	28.8%	5.00%
11	中大	26.2%	0.70%	24.0%	0.10%	28.7%	4.90%
12	汉江	29.8%	4.30%	28.3%	4.40%	29.5%	5.70%
13	太湖	26.8%	1.30%	23.9%	0.00%	28.8%	5.00%
14	上船院	24.7%	−0.80%	25.3%	1.40%	17.3%	−6.50%
15	船研所	29.9%	4.40%	27.3%	3.40%	31.4%	7.60%
16	701 所	25.1%	−0.40%	22.6%	−1.30%	25.9%	2.10%
17	702 所	26.7%	1.20%	23.8%	−0.10%	27.7%	3.90%
18	704 所	24.5%	−1.00%	22.1%	−1.80%	26.0%	2.20%
19	力学所	23.3%	−2.20%	20.9%	−3.00%	25.0%	1.20%
20	广船国际	26.6%	1.10%	24.1%	0.20%	28.3%	4.50%
21	江南厂	25.7%	0.20%	23.3%	−0.60%	28.1%	4.30%
22	昊野	25.7%	0.20%	22.9%	−1.00%	29.5%	5.70%
23	倍豪	25.9%	0.40%	22.9%	−1.00%	29.4%	5.60%
24	试验结果	25.5%	—	23.9%	—	23.8%	—

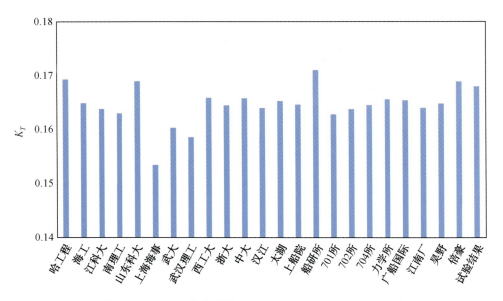

图 3.22　工况 1 推力系数对比（$\theta=12°$、$J=0.406$、$\sigma_V=7.27$）

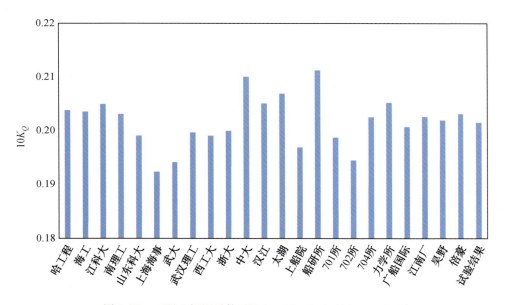

图 3.23　工况 1 扭矩系数对比（$\theta=12°$、$J=0.406$、$\sigma_V=7.27$）

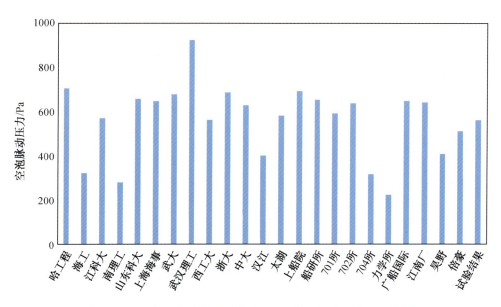

图 3.24 工况 1 空泡脉动压力对比（$\theta=12°$、$J=0.406$、$\sigma_V=7.27$）

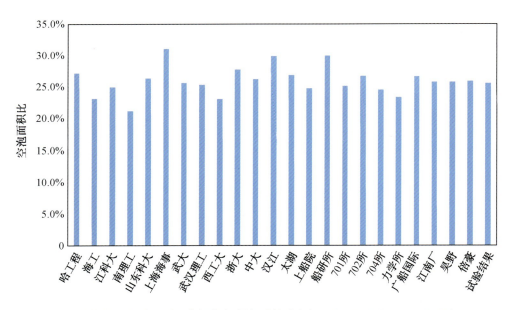

图 3.25 工况 1 下 0 度相位角空泡面积对比（$\theta=12°$、$J=0.406$、$\sigma_V=7.27$）

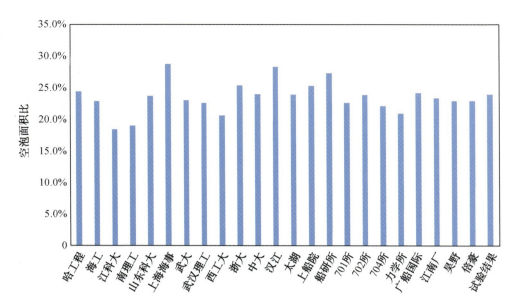

图 3.26　工况 1 下 20 度相位空泡面积对比（$\theta=12°$、$J=0.406$、$\sigma_V=7.27$）

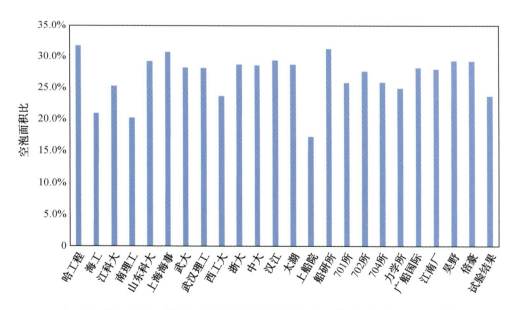

图 3.27　工况 1 下 310 度相位空泡面积对比（$\theta=12°$、$J=0.406$、$\sigma_V=7.27$）

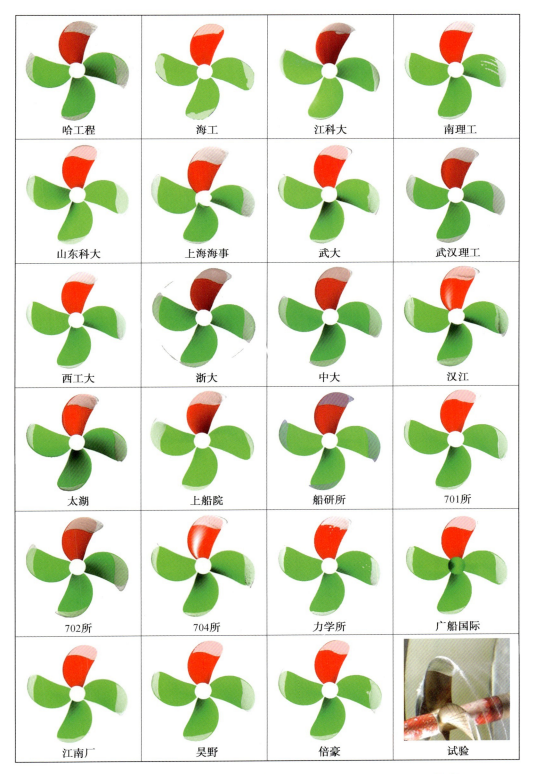

图 3.28 工况 1 下 0°相位角空泡形态（$\theta=12°$、$J=0.406$、$\sigma_V=7.27$）

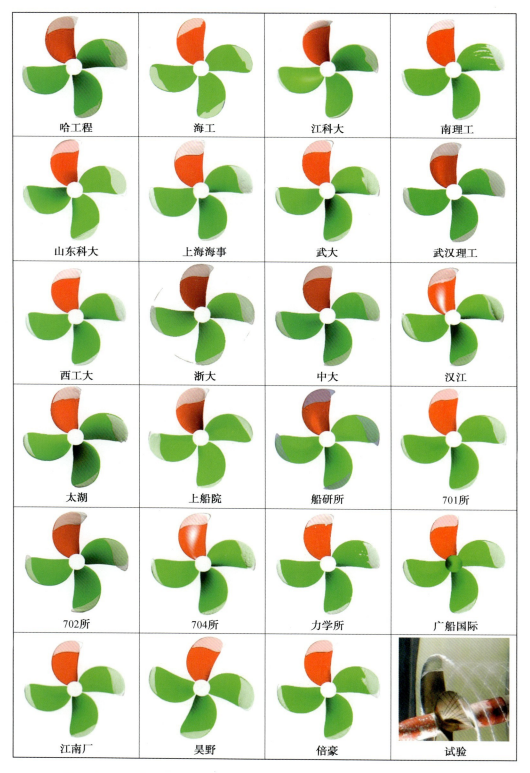

图 3.29 工况 1 下 20°相位角空泡形态($\theta=12°$、$J=0.406$、$\sigma_V=7.27$)

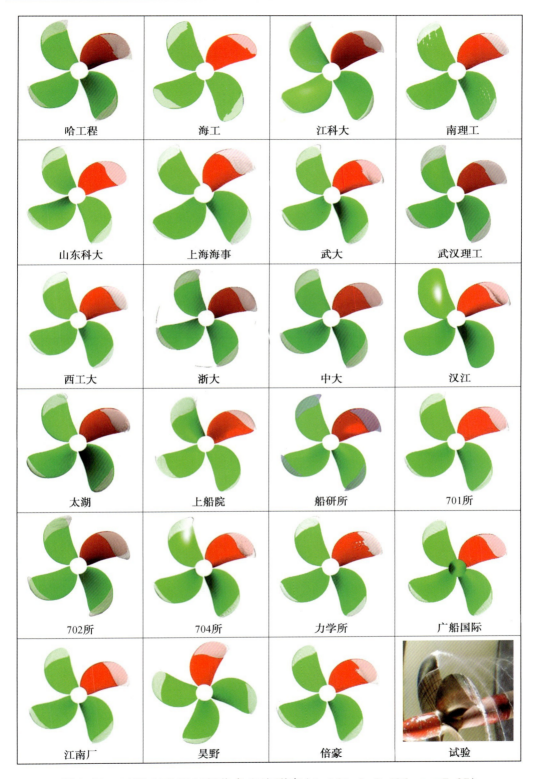

图 3.30　工况 1 下 310°相位角空泡形态（$\theta=12°$、$J=0.406$、$\sigma_V=7.27$）

表 3.12 给出了工况 2 各家空泡水动力计算结果及与试验结果的对比,包括推力系数 K_T 和扭矩系数 $10K_Q$。表 3.13 给出了工况 2 各家空泡面积计算结果及与试验结果的对比。图 3.31~3.32 分别为工况 2 下推力系数和扭矩系数的对比,图 3.33~3.35 分别为工况 2 三个相位角下空泡面积的对比,图 3.36~3.38 为工况 2 三个相位角下空泡形态的对比。由图表可知,工况 2 下,预报的空泡状态下推力系数相对误差在 -5.55%~4.75% 之间,除少数 1~2 家计算结果外,总体而言,基本在 5% 以内;预报的空泡状态下扭矩系数相对误差在 -4.68%~6.72% 之间,大多数在 5% 以内。三个相位角下空泡面积比绝对误差整体上在 -15.19%~5.60% 之间,除少数 1~2 家计算结果外,总体而言,基本在 5% 以内。

表 3.12 工况 2 各家空泡水动力计算结果及与试验结果的对比

($\theta = 7°$、$J = 0.406$、$\sigma_V = 7.27$)

序号	单位	K_T		$10K_Q$	
		计算结果	相对误差	计算结果	相对误差
1	哈工程	0.1676	3.33%	0.2023	2.95%
2	海工	0.1631	0.55%	0.2015	2.54%
3	江科大	0.1641	1.17%	0.2058	4.73%
4	南理工	0.1532	-5.55%	0.1873	-4.68%
5	山东科大	0.1650	1.73%	0.1970	0.25%
6	上海海事	0.1563	-3.64%	0.1939	-1.32%
7	武大	0.1561	-3.76%	0.1892	-3.72%
8	武汉理工	0.1617	-0.31%	0.1988	1.17%
9	西工大	0.1673	3.14%	0.1973	0.41%
10	浙大	0.1634	0.74%	0.1990	1.27%
11	中大	0.1663	2.53%	0.2055	4.58%
12	汉江	0.1630	0.49%	0.2040	3.82%
13	太湖	0.1638	0.99%	0.2051	4.38%
14	上船院	0.1602	-1.23%	0.1933	-1.63%
15	船研所	0.1699	4.75%	0.2097	6.72%
16	701 所	0.1614	-0.49%	0.1969	0.20%
17	702 所	0.1624	0.12%	0.1921	-2.24%
18	704 所	0.1624	0.12%	0.2001	1.83%
19	力学所	0.1636	0.86%	0.2031	3.36%

续表3.12

序号	单位	K_T		$10K_Q$	
		计算结果	相对误差	计算结果	相对误差
20	广船国际	0.160 9	−0.80%	0.197 3	0.41%
21	江南厂	0.164 0	1.11%	0.202 0	2.80%
22	昊野	0.166 6	2.71%	0.200 2	1.88%
23	倍豪	0.169 1	4.25%	0.202 9	3.26%
24	试验结果	0.162 2	—	0.196 5	—

表 3.13 工况 2 各家空泡面积计算结果及与试验结果的对比

($\theta=7°$、$J=0.406$、$\sigma_V=7.27$)

序号	单位	0°		20°		310°	
		计算结果	绝对误差	计算结果	绝对误差	计算结果	绝对误差
1	哈工程	23.3%	0.90%	21.2%	2.70%	24.4%	1.50%
2	海工	20.9%	−1.50%	20.7%	2.20%	19.5%	−3.40%
3	江科大	24.4%	2.00%	18.6%	0.10%	28.8%	5.90%
4	南理工	12.7%	−9.70%	14.5%	−4.00%	7.71%	−15.19%
5	山东科大	22.0%	−0.40%	20.4%	1.90%	23.3%	0.40%
6	上海海事	25.4%	3.00%	22.9%	4.40%	24.5%	1.60%
7	武大	21.5%	−0.90%	19.9%	1.40%	23.1%	0.20%
8	武汉理工	22.1%	−0.30%	20.8%	2.30%	23.0%	0.10%
9	西工大	20.5%	−1.90%	19.1%	0.60%	20.5%	−2.40%
10	浙大	23.3%	0.90%	21.9%	3.40%	24.1%	1.20%
11	中大	21.5%	−0.90%	20.3%	1.80%	22.3%	−0.60%
12	汉江	16.9%	−5.50%	14.9%	−3.60%	18.3%	−4.60%
13	太湖	22.8%	0.40%	21.0%	2.50%	24.4%	1.50%
14	上船院	22.6%	0.20%	23.3%	4.80%	15.9%	−7.00%
15	船研所	24.5%	2.10%	24.1%	5.60%	26.2%	3.30%
16	701 所	19.8%	−2.60%	18.4%	−0.10%	19.9%	−3.00%
17	702 所	21.1%	−1.30%	20.3%	1.80%	24.1%	1.20%
18	704 所	19.3%	−3.10%	17.9%	−0.60%	19.9%	−3.00%
19	力学所	18.4%	−4.00%	17.2%	−1.30%	18.6%	−4.30%
20	广船国际	22.2%	−0.20%	20.8%	2.30%	22.5%	−0.40%
21	江南厂	22.8%	0.40%	21.3%	2.80%	23.2%	0.30%
22	昊野	22.1%	−0.30%	20.3%	1.80%	24.6%	1.70%

续表3.13

序号	单位	0°		20°		310°	
		计算结果	绝对误差	计算结果	绝对误差	计算结果	绝对误差
23	倍豪	21.1%	−1.30%	19.6%	1.10%	22.4%	−0.50%
24	试验结果	22.4%	—	18.5%	—	22.9%	—

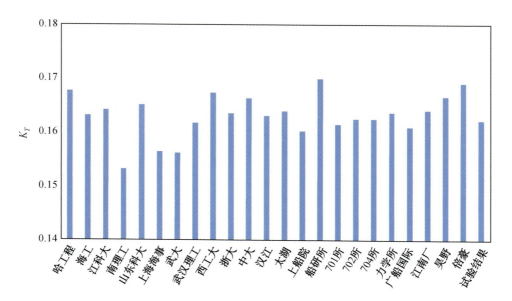

图 3.31 工况 2 推力系数对比($\theta=7°$、$J=0.406$、$\sigma_V=7.27$)

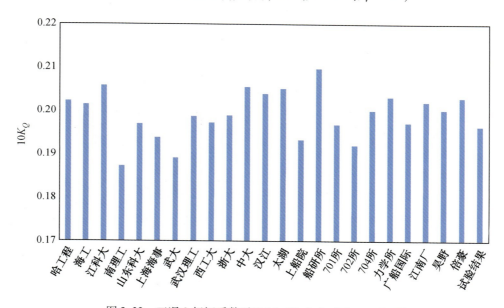

图 3.32 工况 2 扭矩系数对比($\theta=7°$、$J=0.406$、$\sigma_V=7.27$)

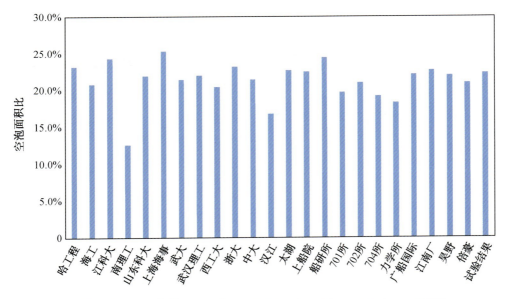

图 3.33 工况 2 下 0°相位角空泡面积对比（$\theta=7°$、$J=0.406$、$\sigma_V=7.27$）

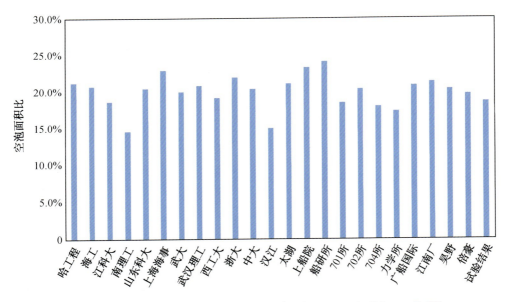

图 3.34 工况 2 下 20°相位空泡面积对比（$\theta=7°$、$J=0.406$、$\sigma_V=7.27$）

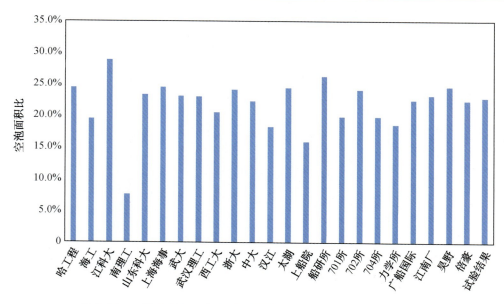

图 3.35 工况 2 下 310°相位空泡面积对比($\theta=7°$、$J=0.406$、$\sigma_V=7.27$)

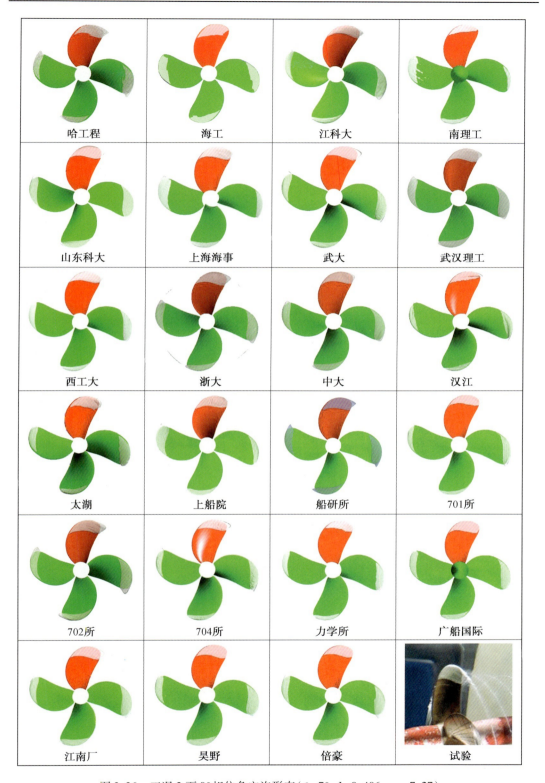

图 3.36　工况 2 下 0°相位角空泡形态（$\theta=7°$、$J=0.406$、$\sigma_V=7.27$）

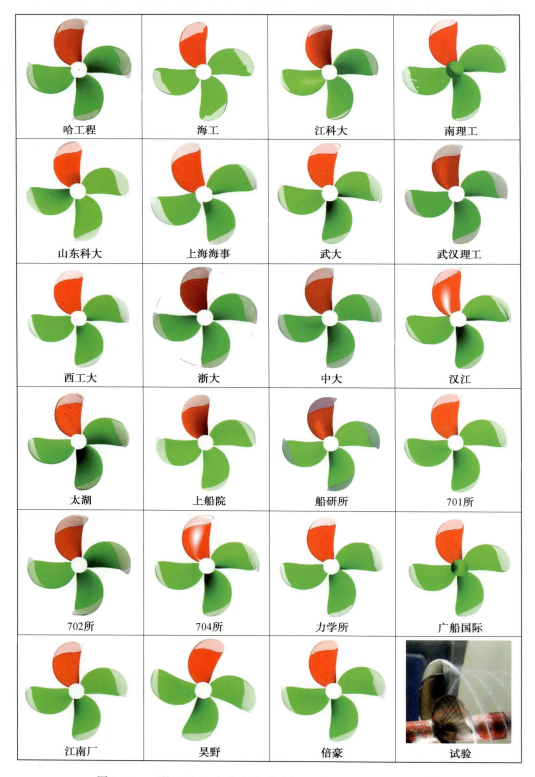

图 3.37　工况 2 下 20°相位角空泡形态（$\theta=7°$、$J=0.406$、$\sigma_V=7.27$）

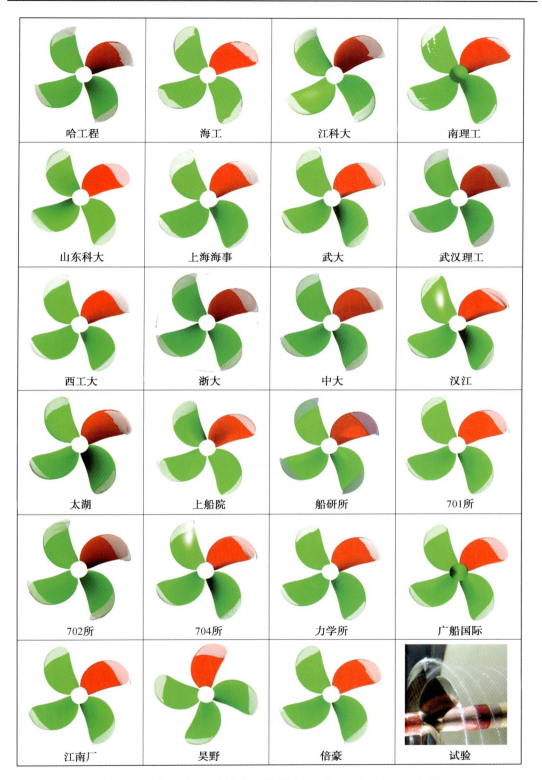

图 3.38 工况 2 下 310°相位角空泡形态（$\theta=7°$、$J=0.406$、$\sigma_V=7.27$）

第4章 斜流螺旋桨空泡数值方法

由第3章数值方法和计算结果统计分析可知,各家单位就斜流螺旋桨空泡水动、空泡面积、空泡形态和空泡脉动压力计算结果有一定差别,数值计算方法也不完全相同。尽管从已有结果不足以形成斜流螺旋桨空泡数值方法计算准则,编者还是决定从已有结果和个人认知出发,推荐斜流螺旋桨空泡数值方法计算流程,供行业内相关学者借鉴。

4.1 计算域

在流体动力性能数值计算中,计算域通常为矩形或圆柱形,为了减小计算域的影响,在来流下游方向上计算域尺寸需要较大,法向方向计算域尺寸相对较小。在斜流螺旋桨空泡性能数值计算中,若螺旋桨旋转轴与某坐标轴保持一致,则来流在两个坐标轴向上均有分量,在两个来流方向上计算域尺寸均需要较大,导致整个计算域尺寸变大,增加了计算网格,需要更多的计算资源。因此推荐偏置螺旋桨实现斜流的来流条件,保证只在某一个坐标轴向上有来流。综合考虑计算域大小无关性影响和计算资源等因素,计算域的进口应选择在上游距桨盘面3倍桨直径以外,推荐3倍直径处;出口应选择在下游距桨盘面6倍直径以外,推荐6倍直径处;外围边界应选择离桨盘面中心3倍桨直径以外,推荐3倍直径处。

为了生成更加合理和经济的计算网格,并提高计算时效比,应对整个计算域进行分块。在斜流螺旋桨空泡数值计算中,推荐将计算域分为旋转区域和静止区域两个区域,旋转区域为包含螺旋桨几何在内的区域,其空间区域不宜过大,能包围螺旋桨几何即可;余下区域均为静止区域。

4.2 计算网格

总体而言,结构化网格质量好,对曲面或空间的拟合大多数采用参数化或样条插值,更容易实现模型边界拟合,计算精度优于非结构化网格。对静止区域应采用高质量的六面体网格。对于旋转区域,由于螺旋桨几何比较复杂,划分高质量的结构化网格较为困难,费时费力,故推荐采用非结构化网格,如条件许可采用结构化网格更佳。应避免在边界层内采用四面体网格,应采用六面体或棱柱形网格,即推荐采用边界层网格。计算时,推荐采用壁函数,边界层网格尺寸应满足 y^+ 大于 30 而小于 300,y^+ 不可小于 10。

斜流螺旋桨空泡数值计算的网格密度应遵循以下准则:在靠近物面处网格密度大,而远离物面处网格可以比较稀疏,物面网格单元尺寸应不大于螺旋桨直径的 0.5%,推荐为 0.5% 螺旋桨直径;从物面到远场的网格变化尺度函数在 1.1~1.3 之间,推荐 1.1。

4.3 数值方法

目前,采用黏流方法求解空泡流动问题,主要是将多相空泡流当作满足 NS 方程的单一流体,通过求解 NS 方程来模拟空泡流动,与全湿无空化单相流所不同的是单一介质密度可变,需要有相应的控制方程进行处理,即空化模型。

推荐采用有限体积法,对流项推荐采用二阶迎风格式,扩散项推荐采用二阶中心差分格式;压力-速度耦合求解方式推荐采用 SIMPLE 算法;采用滑移网格技术考虑螺旋桨的转动,设置螺旋桨旋转速度时,应保证模型雷诺数大于 3.0×10^5。为了加快计算的收敛速度,推荐先对 RANS 方程进行定常计算,然后再进行非定常计算,非定常计算的内迭代步数不少于 10,推荐为 10。

4.4 湍流模型

由于湍流模型的使用不是普适的,因此,在进行斜流螺旋桨空泡数值计算时,应对使用的湍流模型进行验证和校验。

如可能,应检查不同湍流模型对结果的影响以及敏感程度,对于斜流螺旋桨空泡数值计算,推荐使用 RNG κ-ε 湍流模型或者 SST κ-ω 湍流模型。

4.5　空泡模型

总体而言,空泡模型分为两类:一类是基于状态方程的空泡模型,另一类是基于输运方程的空泡模型。

基于状态方程的空泡模型认为空泡流动是个等温正压过程,假定单一介质的密度是压力的单值函数,用密度与压力之间的函数关系控制液体的蒸发和水蒸气的凝结过程。基于输运方程的空泡模型是用输运方程模拟液体的蒸发和水蒸气的凝结过程,即用输运方程控制质量/体积分数,源项控制相间的相互转化,该方法常忽略汽、液界面之间的滑移现象,并假定空化流动为等温过程,基于这种思想,许多人提出了相似的空泡模型,所不同的是汽化过程、凝聚过程的质量交换的表达式有所差别,如 Singhal、Schnerr-Saner、Zwart·Gerber-Belamri、Kunz 和 Merkle 模型。

由于基于输运方程的空泡模型是由质量守恒的连续性方程和描述单气泡运动的 Rayleigh-plesset,在均质平衡假设下理论推导得到的,相比于前者,具有较强的理论依据,经过近 30 年的发展,目前普遍认为基于输运方程的空泡模型要优于基于状态方程的空泡模型,基于输运方程的空泡模型已成为主流。而基于输运方程的空泡模型,具体推荐 Schnerr-Saner 模型。

4.6　边界条件

斜流螺旋桨空泡数值计算求解域的进口和外围边界设置为速度进口边界条件,需设置均匀来流的速度大小、方向和湍流参数,速度大小根据选定的螺旋桨转速和进速系数来确定,来流湍流度应不大于 1.0%,推荐为 1.0%,湍流黏性比应不大于 2.0,推荐为 1.0。

出口边界设置为压力出口边界条件,出口处给定压力值,压力值由计算工况的空泡数决定,同样,出口来流湍流度应不大于 1.0%,推荐为 1.0%,湍流黏性比应不大于 2.0,推荐为 1.0;螺旋桨桨叶和桨毂表面为固壁边界条件,假定水力光滑,可设置无滑移边界条件,即附近流体质点流动速度和物面速度相等,相对滑移速度为 0。

4.7 收敛判断

斜流螺旋桨空泡数值计算判断收敛的方法主要是检测螺旋桨推力和扭矩、残差、空泡脉动压力及空泡形态的变化。

当推力和扭矩在若干迭代步的迭代中变化较小时,可以认为计算收敛。推荐在180个迭代时间步中,推力和扭矩变化不超过1%。

收敛判断也可以检测残差,当残差变化至某一数量时可认为收敛,推荐小于1×10^{-3}。

收敛判断也可以检测脉动压力,当脉动压力时历曲线的包络线随迭代时间的变化水平时,可认为计算已收敛。

收敛判断也可以检测空泡形态,当不同旋转周期内同一相位角下空泡形态基本不随迭代而发生明显变化时,可认为计算已收敛。

4.8 计算结果

斜流螺旋桨空泡数值计算结果通常包括水动力性能、空泡形态、空泡面积、桨叶表面压力分布和脉动压力等。

水动力性能具体包括推力和扭矩,并换算成无量纲系数,以进速系数、推力系数、扭矩系数和效率的形式给出。

空泡形态为空泡视觉直观结果,需要给出不同螺旋桨相位角下空泡形态,通常可以按压力等值面或者气体体积分数等值面表示。推荐使用气体体积分数等值面,且气体体积分数为0.1。

桨叶表面压力分布可以表达成桨叶表面的压力云图和指定半径桨叶弦向压力分布 XY 曲线两种形式。

脉动压力可以表达成压力随螺旋桨相位角(也相当于时间)的 XY 曲线和对时域曲线进行FFT分析后得到了脉动压力幅值两种形式。

附　　录

WORKSHOP

斜流螺旋桨标模空泡数值计算

Qingdao 2024

主办单位：中国船舶集团第七〇二研究所
　　　　　哈尔滨工程大学

赞助单位：水下推进技术工业和信息化部重点实验室
　　　　　哈尔滨工程大学青岛创新发展基地
　　　　　中船(上海)节能技术有限公司
　　　　　深海技术科学太湖实验室

主办单位：

赞助单位：

参加单位

序号	单位	人员
1	哈尔滨工程大学	王　超、时光宇、孙　聪、于法军
2	海军工程大学	黄　政、陈章韬
3	江苏科技大学	凌宏杰、徐　峰
4	南京理工大学	孙　帅
5	山东科技大学	侯立勋
6	上海海事大学	孙　瑜、陈闻宇
7	武汉大学	林　琛、季　斌
8	武汉理工大学	李子如、刘　谦
9	西北工业大学	黄桥高、李　晗
10	浙江大学	吴大转、曹琳琳、梁　宁
11	中山大学	王正仁、吴铁成、骆婉珍、邓　锐
12	汉江实验室	韩承灶、丁恩宝
13	深海技术科学太湖实验室	夏　辉、李　亮、谢　硕
14	上海船舶研究设计院	刘洋浩
15	上海船舶运输科学研究所	季　盛、任海奎、陈建挺
16	中国船舶集团第七〇一研究所	杨　建、解学参
17	中国船舶集团第七〇二研究所	郑巢生、刘登成
18	中国船舶集团第七〇四研究所	刘爱兵、周　鑫
19	中国科学院力学研究所	林健峰
20	广船国际股份有限公司	王炳亮、陈　灏、铙银辉
21	江南造船(集团)有限责任公司	代　焜、樊　涛
22	昊野科技有限公司	韩　野、钟　齐、范韩伟、张邦微
23	上海倍豪船舶科技有限公司	方明明、张　燕、刘振华、薛振宇

附 录

CSSC 广船国际有限公司

CSSC 江南造船